普 天 之 下 · 盡 是 好 書

普天 出版家族 Popular Press Family

凌雲 A Plus Creative Company 文創

換個心情，面對讓自己煩憂的事情

換個角度，就能讓自己幸福

黎亦薰 編著

From another angle, you can make yourself happy.

作家哥爾斯密曾說：**「最大的幸福在於我們懂不懂用另外一個角度去看不幸。」**
讓自己幸福的訣竅，並不是在幸福中得到快樂，而是在那些不幸中發掘快樂。
幸不幸福，其實是角度與態度的問題。如果你可以靜下心來看待眼前所謂的不幸，
往往能從中看到不一樣的風景，將原本的不幸轉變為另一種形式的幸福。

【出版序】

讓自己少一點痛苦，多一點幸福

● 黎亦薰

世間沒有絕對的幸福，也沒有絕對的不幸，一個人過得幸不幸福，
完全在於他用什麼態度看待發生在自己身上的事。

詩人紀伯倫曾說：「你過得是否幸福，並不是以什麼事發生在你身上來做決定，而在於你用什麼態度看待這些事情。」

其實，幸福和痛苦往往就在轉念之間，同樣一件事，既可以讓你幸福得如同「上天堂」，也可以讓你痛苦得好像「下地獄」，重點就在於你用什麼心情看待事情。

只要懂得換個心情看事情，人生就會少一點痛苦，多一點幸福。

一九六八年，人類首次成功地登陸月球，消息一傳出，各家媒體爭相報導，成爲二十世紀最熱門的一則新聞。

尤其是第一位踏上月球的太空人阿姆斯壯，說了一番話：「這是我個人的一小步，卻是全人類的一大步」。從此名留青史，成爲全世界人民心目中的大英雄。

大家不知道的是，當時登陸月球的，除了阿姆斯壯之外，還有他的隊友奧德倫。當時，兩人只有一步之差，結果卻隔了千里之遠，阿姆斯壯成了當紅炸子雞，以踏上地外星球的第一人聞名於世，奧德倫卻沒沒無名，知道他的人可說是寥寥無幾。

在慶功宴上，人人歡天喜地，當大家爲這項前所未有的創舉感到驕傲不已時，一名記者卻突然問奧德倫：「阿姆斯壯先下了太空艙，成爲登陸月球的第一人，你會不會覺得有些遺憾？」

在場的人無不爲記者這個貿然又現實的問題捏了把冷汗，紛紛把目光投向奧德倫，看他怎麼接下突如其來的燙手山芋。

此時，氣氛一下子降到了冰點，連太空英雄阿姆斯壯都顯得有些尷尬，然而奧德倫卻神情自若，微微一笑，然後對大家說：「各位，千萬別忘了，回到地球表面時，我可是最先走出太空艙的，所以，我是別的星球來到地球的第一人。」

語畢，四周揚起了一陣笑聲，同時也化解了尷尬的場面，熱烈的掌聲持續了一分鐘之久。

伊比克諦曾說：「不要為自己所沒有的東西感到苦惱，能享受自己現在所擁有的，才是最聰明的人。」

法國哲學家孟德斯鳩也說過：「假如一個人只是希望幸福，這很容易達到；然而，我們總是希望比其他人幸福，這就是困難所在，因為一般人堅信其他人比自己實際上更幸福。」

得不到的也許是最好的，但是自己擁有的東西也不見得比別人差。第一名永遠只能有一個，可遇不可求，如果你只注意遠方遙不可及的海市蜃樓，那麼只會白白錯過近在咫尺的良辰美景而已。

擁有幸福是一件很簡單的事，但是懂得珍惜幸福，卻一點兒也不簡單。泰勒曾經寫道：「幸福通常會在你懂得接受痛苦，甚至享受痛苦的那一瞬間，才開始發生。」

世間沒有絕對的幸福，也沒有絕對的不幸，一個人過得幸不幸福，完全在於他用什麼態度看待發生在自己身上的事。

相同一件事，發生在不同人的身上，為什麼有些人覺得痛苦，有些人卻會覺得自己還算幸福？

其實，那些覺得幸福的人，只不過比那些覺得痛苦的人，更懂得轉換自己的的心情，因此能從痛苦當中深刻感受到平時忽略了的幸福。

[PART1] 能坦然面對，就多一分機會

人生或多或少會碰上不愉快的事，既然事情一定會發生，也必定會過去。坦然面對眼前的狀況，也就多一分生存的機會。

「PART2」

退一步，可以看得更清楚

太仔細觀察別人的錯誤，反而會察覺不到自己的缺失，容人是一種雅量，偶爾擦拭自己的心窗，才能眺望得更高更遠。

「PART3」換個角度，就會找到出路

蕭伯納曾說過：「當問題發生時，人們往往歸咎於環境，事實上，一個人應該努力適應四周的環境，如果無法適應，便要自己去創造環境。」

PART 4

低估別人，等於看輕自己

低估別人，也就等於看輕了自己，不能知己知彼的話，還能成就什麼大事呢？

「PART5」

有自信就有希望前進

沒自信就要幫自己找到自信。覺得自己比不上別人，就應該要更努力讓自己跟上別人的腳步，而不是消極地沉淪自憐。

「PART 6」

理直不一定要氣壯

人與人之間的爭吵、欺詐、鬥爭、迫害，都只是浪費精神又沒有意義的事情，與其據理力爭，不如自己先退後一步，使別人知難而退，自然也就平息了這場糾紛。

【PART7】嚥下怨氣，才能爭氣

不中聽的話是一把銳利的劍，可以刺穿你的心臟，但是你也可以伸手握住它，使它成為你的利器。

【PART 8】

別讓你的天才變成你的悲哀

再怎麼有才能的人，如果以自己的才能為傲，不停地誇耀自己，那麼他的天才只會為自己帶來悲哀。

PART 1

能坦然面對，就多一分機會

人生或多或少會碰上不愉快的事，

既然事情一定會發生，也必定會過去。

坦然面對眼前的狀況，也就多一分生存的機會。

能坦然面對，就多一分機會

人生或多或少會碰上不愉快的事，既然事情一定會發生，也必定會過去。坦然去面對眼前的狀況，也就多一分生存的機會。

一天晚上，馴獸師像往常一樣演出。在衆人矚目之下，他帶著幾隻老虎進入鐵柵欄裡，然後將門鎖上。

觀衆緊張地注視著在鎂光燈下的馴獸師，等著看他如何瀟灑地揮舞鞭子、發號施令，讓兇猛的老虎服服貼貼地做出各種雜耍動作。

演出越來越精采，觀衆的情緒也漸漸被推向高潮。可是就在此時，糟糕的事情發生了，現場突然停電！馴獸師被迫待在伸手不見五指的鐵柵欄裡，與兇猛的老虎為伍。

黑暗中，雙眼放光的孟加拉虎近在咫尺，而他卻看不到牠們，只有一根鞭子和一把小椅子可作防身之用。在長達近一分鐘的時間裡，觀眾的心情忐忑不安，都為籠子裡的馴獸師擔憂。

眾人議論紛紛，猜測燈亮後會出現什麼樣的場景呢？

一、黑暗中傳來嘶吼和哀嚎聲，馴獸師就這樣被老虎咬死。

二、馴獸師幸運地找到出口，逃過一劫。

三、馴獸師在逃跑途中，不小心讓這幾隻老虎跑出柵欄，造成觀眾死傷，現場陷入一片混亂。

四、什麼都沒發生。

答案是什麼事都沒發生，燈亮了以後，大家驚喜地發現馴獸師安然無恙，與老虎完美地結束整場表演。

在後來的採訪中，記者問他，當時是否會害怕老虎朝他撲過來。馴獸師說，一開始自己確實感到毛骨悚然，但是馬上就鎮靜下來，因為他意識到一個非常重要的事實：雖然他看不見老虎，但是老虎並不知道這一點。

所以，他只需要像往常一樣，不時地揮動鞭子、吆喝，就當什麼事也沒發生一樣，不讓老虎察覺到自己看不到牠們。

換個角度，就能讓自己幸福

「就當什麼事也沒發生一樣」，雖然是簡單的一句話，做起來並不容易！如果馴獸師被停電的意外嚇呆了，沒有做到「就當什麼事也沒發生一樣」，等待他的又將是怎麼樣的命運呢？

在生死關頭，要一個人「就當什麼事也沒發生一樣」，是很難的一件事。但事實都已發生，不如冷靜地面對，想想還有什麼可以做。

曾看過一篇文章描述某架班機遇上亂流，情況非常緊急，所有的人都認爲自己必死無疑，哭泣、恐懼、哀嚎聲充滿整個機艙，只有一個老先生冷靜地對大家說：「現在，還是請大家把身分證放進內衣裡吧！」

在大家一片愕然下，他才解釋道：「這樣，萬一發生了什麼事，人家才認得出你是誰，家人才找得到你。」

還好，最後飛機平安降落了。

《伊索寓言》中有一句話：「人們的災禍，常成為他們的學問。」人生或多或少都會碰上不愉快的事，甚至在心裡留下疤痕的傷口，但是換個角度想，既然事情一定會發生，也必定會過去，唯有「當什麼事也沒發生」，才能讓人感到慰藉。

這樣說並不是要人逃避現實，只是讓人更坦然去面對眼前的狀況。多一分坦然，就能多一分冷靜思考的能力，當然也就多一分生存的機會。

了解自己，就不怕失意

每個人都該為自己的人生盡一切努力。我們可以用他人的作為當做自己的借鏡，卻不用隨波逐流，不知道自己要的是什麼。

約翰．皮爾彭特從耶魯大學畢業時，遵照祖父的願望，選擇教師作爲自己的職業。這個看起來美好、充滿希望的工作，卻在皮爾彭特對學生愛心有餘而嚴厲不足的情況下，爲當時保守的教育界所不容，很快結束了教師的生涯。

但他並不在意，依然對人生信心十足。

不久，他當了律師，打算將全部的心力投入維護法律的公正，卻似乎一點也不懂當時法律界的不成文規定：「誰有錢就爲誰服務」。

他會因爲當事人是壞人而推掉找上門來的生意，如果是好人受到不公正對待，他又不計報酬地爲其奔忙。

很快地，這樣一個公正不阿的人，在法律界又沒了容身之處，皮爾彭特只好離去，成了一位紡織品推銷商。

然而，他好像仍舊沒有從過去的挫折中吸取教訓，看不到競爭的殘酷，在談判中總是讓對手大獲其利，自己只有吃虧的份。

於是，他只好再改行當了牧師。可是，又因爲支持禁酒令和反對奴隸制而得罪了教區信徒，被迫辭職。

一八八六年，皮爾彭特去世了。在他這個看似「一事無成」一生的背後，卻成就了一首世界民謠。

「衝破大風雪，我們坐在雪橇上，快速奔馳過田野，我們歡笑又唱歌，馬兒鈴兒響叮噹，令人心情多歡暢叮叮噹，叮叮噹，鈴兒響叮噹……」

每年冬天，在世界各個角落響起這首聖誕節裡不可缺少的〈鈴兒響叮噹〉，是皮爾彭特在一個聖誕前夕，替鄰居的孩子們寫的歌曲。

歌詞中沒有耶穌，沒有聖誕老人，有的只是風雪瀰漫的冬夜，穿越寒風雪橇上的清脆鈴鐺聲，一路歡笑歌唱，不畏風雪的美好心靈。

換個角度，就能讓自己幸福

詩人但丁說過一句格言：「走你的路，讓人們去說吧。」

在我們的人生旅程中，不管對從事的工作是否感興趣，每個人都有一套自己的原則和理念。

隨著時間流逝，周遭環境的改變，原本的堅持也很容易隨波逐流，走離了原來的方向，至於那些堅守理念的人，卻被人視爲傻子，不懂得變通。

這兩種人，可能都終身不得志，或者有意外的豐收。可是，一個沒有自我方向的人，只會成爲沒有「特色」的普通人。

生平未受重視的畢卡索，他的成就是衆人有目共睹。若當時的他因不被接受的畫風而放棄畫畫，就沒有今天對整個藝術界的巨大震撼。二十世紀的藝術家，幾乎都受過他的影響。

皮爾彭特可能沒想過，他這首〈鈴兒響叮噹〉的偶然之作，造成後世極大的迴響，這也和他一生的遭遇，形成強烈的對比。

雖然他在從事的每個行業中都被人格不如自己的人用「小手段」擊敗，卻不代表他追求美好的理念沒有價值。

至今，他的歌曲仍深植在人們的心靈深處，不正是個有力的說明嗎？

每個人都該為自己的人生盡一切努力、負起全責。失意的時候，我們可以用他人的作為當做自己的借鏡，卻不用隨波逐流，沒有確定的方向和目標，只依從環境、潮流而行動，不知道自己要的是什麼。

倚靠自己最了不起

一個人無論碰到多大的災難，只要他能為自己努力、打氣，還能獨立自主，不斷為人生奮鬥，就是最了不起的。

約翰·湯姆森雖然沒有做出什麼驚天動地的事業，卻成爲現代美國人心目中最重要的青少年楷模之一。

十八歲的約翰·湯姆森是一位美國高中生，住在北達科他州一個農場裡，唯一的鄰居住在好幾公里外。

一九九二年一月十一日，在一個寒冷的冬日，他獨自在農場中的工作房裡幹活。正當他在操作機器時，不慎在冰滑的地面上滑倒了，他的衣袖被絞進機

器裡，兩隻手臂瞬間被機器切斷。

湯姆森忍著劇痛跑了四百公尺，才跑到屋子前。血流滿地、體力不支的他用牙齒打開門栓後便倒在地上。

他用盡力氣爬到電話旁邊，但是因爲失去雙手，無法撥打電話號碼，便用嘴咬住一枝鉛筆，一下一下地撥號，終於撥通他表哥的電話，表哥馬上通知附近的醫院前去幫忙。

當救護人員趕到時，他的意識已經模糊，可是在他被抬上擔架時，竟冷靜地冒出一句話，告訴護理人員：「不要忘了把我的手臂帶著。」

明尼阿波利斯州的一所醫院，爲湯姆森進行斷肢再植的緊急手術。他在醫院住了一個半月後，回到北達科他州的家中。後來，他能微微抬起手臂，並回到學校上課了，他的家人和朋友都爲他感到自豪。

或許你會感到疑惑，並沒有做出什麼驚天動地事蹟來的約翰，何以獲得那麼多美國人的喜歡呢？

答案衆說紛紜，有崇拜者說：

「他好聰明喔！不僅想到能用牙齒開門，還會用鉛筆打電話。」

「他喜歡工作，我們喜歡勤勞的人。」

甚至有人說：「他身體眞強壯，一定努力鍛練過，不然早就沒命了。」

後來，有一個學者統整並分析各式各樣說法後，做出一個結論：「人們佩服的，除了他的勇氣和忍耐力外，還有一種獨立的精神。他能獨自一人在離住家幾百公尺外的工作室裡操作機器；出了事，又能自救，所以值得崇拜。」

換個角度，就能讓自己幸福

前一陣子，桃園有個賣檳榔的男老闆，因爲誤觸高壓電，雙手和左腳被截肢，只剩右腳是眞的。

他的雙手和虎克船長一樣，裝上鐵鉤，客人來買檳榔時，他用雙鉤送出檳榔。他的動作迅速敏捷，加上爽朗的笑容和熱情態度，吸引了不少客人，業績還打敗隔壁的檳榔西施。

有記者問客人爲何捨棄穿著清涼的檳榔西施，選擇買男老闆的檳榔，是因爲「可憐」他嗎？

得到的答案完全相反。客人一點也不「可憐」老闆，反而還很敬佩他，認爲他是一個「厲害」的傢伙。

人生的旅程不會永遠是平坦的康莊大道，也會有陡峭的山路和拖陷的泥沼，越是失意越要勉勵自己更加努力。

一個人無論碰到多大的災難，只要他能爲自己努力、打氣，還能獨立自主，不把自己看爲一個「身殘」者，不斷爲人生奮鬥，就是最了不起的，必能獲得大家的認同和尊敬。

誇下海口，小心付出更多

通常不經過思慮就誇下海口的人，往往有「譁眾取寵」的心態，希望大家的目光都集中在自己身上，在團體中突顯自己。

一七九七年三月，法蘭西總統拿破崙在盧森堡第一國立小學演講時，瀟灑地把一束價值三路易的玫瑰花送給該校的校長，並且說了這樣一番話：「為了答謝貴校對我，尤其是對我夫人約瑟芬的盛情款待，我不僅今天呈獻上一束玫瑰花，在未來的日子裡，只要法蘭西存在的一天，每年的今天我都將派人送貴校一束價值相等的玫瑰花，作為法蘭西與盧森堡友誼的象徵。」

從此，盧森堡這個小國就對這「歐洲巨人」與盧森堡孩子親切、和諧相處的一刻「念念不忘，並載入史冊」。

後來，拿破崙窮於應付連綿的戰爭和此起彼伏的政治事件，最後因失敗而被流放到聖赫勒那島，自然也把對盧森堡的承諾忘得一乾二淨。

出人意料之外的是，一九八四年底，盧森堡竟舊事重提，向法國政府提出這個「儲送玫瑰花」的諾言，並且索賠。

他們要求法國政府：一、要從一七九八年起，用三路易作爲一束玫瑰花的本金，以五釐複利計息全部清償；二、要在法國各大報刊上公開承認拿破崙是個言而無信的小人。

法國政府當然不想破壞拿破崙的聲譽，但計算出來的數字卻讓他們愣住了。原本每年三路易的許諾，累積到後來，本息已高達一百三十七萬五千五百九十六法郎。

最後，法國政府召集智囊團苦思之下，才找到一個使盧森堡滿意的答覆：「以後無論在精神上還是在物質上，法國將不間斷地對盧森堡大公國的中小學教育予以支持與贊助，兌現拿破崙將軍那一諾千金的玫瑰花信誓。」

有種人總在興致高昂的時候，開出「支票」，事後卻忘得一乾二淨，或者不認帳。通常這種不經過思慮就誇下海口的人，往往有「譁眾取寵」的心態，希望大家的目光都集中在自己身上，在團體中突顯自己。

久而久之，人們了解這種人的習性後，對於他所說出的承諾，不再當一回事，看作笑話一場。這樣的結果還算差強人意，最糟的是，當對方要求「支票」兌現時，苦的就是亂開支票者的家人、親友了。

也許拿破崙至死也沒想到，自己不過是一時「即興」的言辭，會給法蘭西帶來這樣的尷尬吧。

老一輩的人常說：「飯可以多吃，話不可以亂講。」是爲了警惕人們禍出口出的道理。在這裡還可以再加上一句：「支票不要亂開！」否則你將信用破產，連累身旁無辜的人。

自怨自艾只會讓自己更不愉快

有「對方會陷害自己」念頭的人，容易把自己想成一個受害者而自怨自艾，這樣的想法，只是人們逃避現實的方法。

蘇格蘭的南部長達二十年沒下雪了，卻突然在一個夜晚下起了大雪。克蘭塞先生很想去滑雪，又苦於沒有雪橇。

他的妻子見狀，便對他說：「你的朋友米立不是有雪橇嗎？我相信他一定會借給你的。」

「眞是好主意！」克蘭塞說完就去找他的好朋友米立。

路上很冷，克蘭塞走到一半就轉進一家酒吧喝酒暖身。當他從酒吧走出來後，心裡突然冒出一個想法：「我希望米立能把雪橇借給我，不過他可能會擔心我弄壞他的雪橇而猶豫是否要借我。」

走著走著，心裡又想：「要是他自己不用，又捨不得借給我，那他豈不是太不夠朋友了嗎？」

想到這裡，克蘭塞心裡開始有點悶，就像已經被米立拒絕了一樣。於是他又走進另一間酒吧，點了一杯酒來解悶。

等他再次走出來的時候，又對自己說：「要是那個傢伙真的不肯借給我，我一輩子不跟他說話了。」

當克蘭塞走到米立家時，已經是深夜，米立早就熄燈休息了。

看到屋內一片漆黑，借不到雪橇，克蘭塞心裡氣急了，便從地上拾起一塊石子，把玻璃窗打得粉碎。

不一會兒，米立穿著睡衣，出現在被打破的窗口上，向街上憤怒地叫喊：「是誰把我的窗戶打碎了？」

「是我，混蛋！」克蘭塞舉著拳頭向米立揮舞著：「你留著你的雪橇吧，等著老子我把它打個稀爛！」

換個角度，就能讓自己幸福

你是否有碰過這樣的經驗，對方向你提及某事，在第一時間你還在考慮，沒有給予熱烈回應時，對方開始劈哩啪啦地替你回答，甚至反過來指責你不夠眞誠、不夠意思？

或許他是爲了逼你趕快做出決定，還有一種人是「想太多」的類型，若是無法馬上得到肯定答案，就會產生被否定、背叛，甚至被陷害的想法。

這樣的人通常有「自卑變自大」的通病，因爲信心不足，讓他產生「自滿」的情緒來保護自己。因爲過於看重自己，認爲別人會多「注意」他一點，以致於對他做出「不好的舉動」。

殊不知，對大多數的人來說，沒有人會故意陷害別人。

就算你的生活上碰到不如意的事，也不是對方故意陷害你的，他只不過是在「做自己該做的事情」。

有「對方會陷害自己」念頭的人，容易把自己想成一個受害者、被犧牲的角色，而自怨自艾、憤世嫉俗。

眞的有人要陷害自己嗎？

會有這樣的想法，只是人們逃避現實的方法。覺得自己的不如意都是被陷害的，才能將所有的問題變成「別人的錯」。

這類「被害妄想症」只會讓自己陷入不快樂的情緒之中，必須快點停止，才能從種種不愉快中再站起來。

不要用自己的偏見做判斷

用心發覺對方的優點，是我們必須學習的課題，這樣就能發現「不滿」生活中的輕鬆面，種種不如意的失落感也會消散。

兩個旅行中的天使到一個富有的人家裡借宿。

這家人對他們並不友善，並且拒絕讓他們在舒適的客房裡過夜，而是安排他們在冰冷地下室裡的一個小角落休息。

當他們舖床時，年紀較長的天使發現牆上有一個洞，就順手把它修補好了。年輕的天使感到疑惑不解，問他為什麼要這麼做，老天使答道：「有些事並不像看上去那樣。」

第二天晚上，兩人又來到一個非常貧窮的農家借宿。這家主人對他們非常熱情，把僅有的一點點食物全都拿出來款待客人，然後又將自己的床舖讓給兩個天使，和老婆兩人窩在廚房打地舖。

第二天一早，年輕的天使發現農夫和他的妻子在哭泣，便問他們發生了什麼事。這才了解，原來他們賴以維生的一頭乳牛昨晚突然暴斃而亡。沒有了乳牛，未來的日子不知道該怎麼過下去。

年輕的天使非常憤怒，質問老天使爲什麼如此不公平，第一個家庭什麼都有了，老天使還幫他們修補牆洞，第二個家庭儘管如此貧窮，還是熱情地款待客人，而老天使卻沒有阻止乳牛的死亡。

「有些事並不像看上去那樣。」老天使答道：「當我們在地下室過夜時，我從牆壁的破洞中看到牆裡面堆滿了金塊。因爲主人被貪慾迷惑，不願意分享他的財富，所以我把破洞填上了。昨天晚上，死亡之神來召喚農夫的妻子，我讓乳牛代替了她。有些事並不像看上去那樣。」

在生活中，我們是否常在無意間犯下年輕天使所犯的錯誤呢？又是什麼原因，讓我們無法看輕事實背後的眞相呢？

這是因爲我們做出判斷之前，就已經被表面現象蒙蔽，心裡存有偏見與不滿，自然無法看清眞相。就像年輕的天使，早在年長天使修補富人家中的牆壁之時，就不認同他的行爲了。

很多夫妻在結婚之後，都會抱怨對方變了，原本沒有的缺點都在婚後出現。是對方眞的「變了」嗎？還是之前不曾察覺呢？抑或是婚後壓力增加，不再「欣賞」、「認同」對方了，一旦自己感覺不對，就將所有的過錯推到對方身上呢？

人都有自私的天性，在「爲己」的心態下，習慣挖別人的缺點顯示自己的好，利用別人的缺點掩蓋自己的錯誤。

相較於優點，我們更容易看到別人的缺點。因此，用心發覺對方的優點，是我們必須學習的課題。

當我們看對方不順眼時，不妨冷靜思索是不是自己的觀察有錯誤，對方是否有自己沒注意到的另一面和優點。如果能換個角度，用這樣的心情面對自己不欣賞的人事物，就能發現「不滿」生活中的輕鬆面，種種不如意的失落感也會消散。

用謹慎的態度認清對方面目

要改變一個人的「本性」沒有那麼容易，失去了「互利」的「依存」關係時，終究會現出真面目。

一個動物園園主帶著他的家人和動物們，搭乘一艘日本貨船移居加拿大。旅途中不幸遇上船難，貨船沉沒，最後只剩下兩個倖存者，一個是園主十六歲的兒子帕特爾，另一個是一頭名叫帕克的孟加拉虎。人虎共處於一艘小救生艇上，在無邊的大海裡漂流了二百二十七天。

失事之初，帕克這頭老虎是帕特爾面臨的頭等難題。一開始船上還有四隻動物，可是過了不久，鬣狗吃了斑馬和猩猩，老虎又吃了鬣狗，下一個就要輪到帕特爾了……

帕克飽食之後，專注地看著帕特爾，表現出友好的模樣，發出哼哼聲。身爲動物園主的兒子，耳濡目染的經驗使他理解這是示好的表現，於是他改變了殺老虎的念頭。馴虎的關鍵就是保證其飲食，這使帕特爾工作量大增，開始忙著釣魚、捕殺海龜、使用海水淡化器等等，就爲了餵飽帕克。

或許有人會問，爲何不乾脆殺了老虎？否則，留下一顆定時炸彈在身邊，豈不很危險？但是，帕特爾卻心甘情願地做這件事，因爲忙碌使他免於精神崩潰。如果沒有帕克，他將獨自面對絕望，那是比老虎更可怕的敵人。

當船終於漂到岸上，帕克躍到岸上，直走向叢林，連回頭看帕特爾一眼也沒有，只是目不轉睛地向前走去，永遠從帕特爾的生活中消失了。

這一刻，帕特爾哭了。

多年前曾經看過一部影片，一個小男孩帶著從小養大的豹回到牠原該生存的叢林，一路上危機四伏，險象環生。後來豹遇見了同伴，頭也不回地離開，那時，小男孩也哭了。

不管是小男孩、帕特爾，還是身爲讀者的我們，都以爲自己看到人獸之間堅定的情誼。讓人難以承受的是，在經歷了漫長的共患難之後，對方怎麼會如此無所謂地離去？

然而，老虎就是老虎，再怎樣也不會變成狗！

人們都說，狗是人類最忠誠的動物，可是在社會案件中，也會見到某些情況下狗反撲主人的案例，更何況像老虎這種充滿「野性本能」的動物呢？

那是否也代表，人類的本性也有同樣的一面？

有些女孩婚前發現男友有暴力傾向，卻還傻傻地以爲婚後能用愛和關懷來化解男友的暴戾之氣，結果當然是失敗的下場。要改變一個人的「本性」沒有那麼容易，失去了「互利」的「依存」關係時，終究會現出眞面目。

真正有內涵，就不必擔心困難

真正有內涵、有實力的人，不必過於擔心一時的失意、不起眼，只要有信心、肯努力，必然有識才的人會認清你的本質。

古時候，有三個武士非常喜愛千里馬，也認為自己能識得千里馬。有一天，他們聽說後山的山坡上有一匹白馬，能日行千里，是一匹很好的千里馬，便飛快趕到後山去。

第一個武士最先到達山坡上，看到了正在吃草的白馬，心裡大喜，正想上前補抓時，突然發現馬背上長了一個瘡，並流著膿血。他露出厭惡的表情，心裡想著：「千里馬怎麼會生瘡呢？這只是一匹普通的馬，我才不要呢！」想到這裡，便打道回府。

過了不久，第二個武士來到馬前，也發現馬背上的瘡，心想：「就算是千里馬也會生病，這點兒瘡算什麼，敷個草藥就好了。」

於是，他一抬腿就騎到馬背上，打算就這樣把馬帶回家。馬背上的瘡被武士一碰，疼得前腿跳起，一下子就把武士摔在地上。武士花了好長的時間才從地上爬起來，然後一瘸一拐忿忿地離開了。

第三個武士也到了，發現膿瘡後，心想：「我要用最快的刀，把爛瘡割掉，用最好的草藥敷在傷口，讓牠以最快的速度好起來。」

他把馬牽走，帶下山去好好治療，最後擁有了千里馬。

換個角度，就能讓自己幸福

一場精采的魔術表演，常會搭配華麗舞台、絢爛的燈光、美麗的助手。這是因爲，人們往往容易被表象迷惑，而忽視一些小手段。

在這個包裝精美的社會裡，要看透一個人、一件事物的本質，除了本身的知識外，更要有一顆仁慈的心。

第三個武士之所以能得到千里馬，是因爲他能看透不起眼、生了爛瘡的馬兒外表下的內在本質，並且不急於驗證千里馬的能力，先用耐心和愛心來治療馬的傷口。相信其他兩位武士也擁有一定水準的「識馬」能力，只是過於急功近利，無法讓心靜下來仔細觀察這匹馬。

《列子．說符篇》中談到春秋時期，秦穆公擔心年紀漸大的伯樂後傳無人，沒人可以幫他找千里馬，便要伯樂推舉一個適合的人。

伯樂向秦穆公推薦了替自己挑薪綑材的一位工人——九方皋，秦穆公於是派九方皋去尋找千里馬。

三個月後，九方皋回覆秦穆公已經找到千里馬了，就在沙丘上。秦穆公焦急地問：「是匹怎樣的馬？」

九方皋呵呵笑著：「是匹雌性黃馬。」

秦穆公馬上派人將那匹馬帶過來，結果卻發現牽來的是一匹雄性黑馬，馬上勃然大怒，召來伯樂問道：「你推薦的這個人，連馬的性別和顏色都分不清楚，怎麼有辦法找出千里馬！」

伯樂一聽，反而大笑，隨後讚嘆說：「九方皐識馬的能力眞是高妙啊！連我都自嘆弗如。」

伯樂見秦穆公不解，慢慢解釋給他聽。原來，相馬的精妙之處，就在於觀看精隨，因而易忽略性別、毛色等外在形象。九方皐看到的，只有這匹馬的內在精隨。後來經過驗證，這匹馬果然是一匹不可多得的千里馬。

以貌取人，容易忽略內在眞正的本質。許多美好的事物，不一定有美麗的外表，唯有看透外表下的「內在」，才能顯現最眞的本質。

同樣的，眞正有內涵、有實力的人，也不必過於擔心一時的失意、不起眼，只要有信心、肯努力，必然有識才的人會看透表象，認清你的本質，使你的能力得以充分展現。

小聰明不能助人解決困境

小聰明可以幫自己度過失意的時刻，但若把它運用在不當的事情上，不願靠自己的努力面對種種難關，最後只會得不償失。

有一個很有錢的富翁做事非常勤快，每天天還沒亮就起床管理他的莊園。他請了好幾個女僕替他工作，並對她們嚴格管理，要求女僕們每天早上一聽到公雞啼叫就必須起床工作。

剛開始，女僕們都很努力地工作，但是時間一久，她們開始感到不耐煩：「那隻可惡的公雞，爲什麼每天都那麼準時啼叫？讓人想多睡一下都不行，眞是可惡！」她們不停地抱怨，卻不敢違背主人的命令。

有一天，她們商量著如何對付那隻準時的公雞，有個女僕提議說：「乾脆把牠殺掉，讓牠永遠閉嘴，不是很好嗎？」

其他女僕聽了，都覺得這眞是一個好主意，怎麼沒有早一點想到呢？到了晚上，她們偷偷捉走那隻公雞，捂著牠的嘴把牠殺掉了。她們爲自己的聰明沾沾自喜，認爲從此以後再也不用那麼早起床了。

第二天早上，女僕們終於如願以償地多睡了好一會兒才起床幹活，她們愉快地唱著歌，爲了可以偷懶而高興著。

誰知到了第三天，天還沒亮，富翁就急急忙忙衝進女僕的房間，大叫著：「起床了！起床了！要開始工作了！」

女僕們睜開惺忪的雙眼，在富翁地催促下慌亂起身。原來，富翁已經發現那隻準時的公雞不見了，所以一起床就趕忙來叫女僕工作。

女僕們後悔極了，嘆著氣小聲地說：「唉！眞倒楣，原以爲沒有公雞報時，就可以多睡一會兒，沒想到反而要比以前更早起。」

結果，這些女僕從此以後都要比從前更早起來工作了。

換個角度，就能讓自己幸福

這個原以爲可以高枕無憂的計劃，沒想到最後卻得不償失，想必女僕們一定很後悔殺了那隻大公雞。

其實，仔細想想，就知道這種「殺雞取卵」，貪求眼前利益的行爲，只會造成更大的損失。

以富翁如此勤勞督促的個性，會因爲沒有「公雞」而放任女僕偷懶睡覺嗎？答案很明顯，就算沒有公雞，富翁也會另找方法來約束女僕。

在這個社會裡，像女僕這類的人很多。

他們運用自己的小聰明來做事，佔了小便宜後沾沾自喜，絲毫不覺得有任何不對的地方。但是，「小聰明」就是「小聰明」，只要上司夠英明，遲早會露出馬腳來。自以爲神不知鬼不覺的伎倆，往往會有更大的一張網等著逮捕這種小把戲。

有一名員工爲了貪圖方便，將一些不重要、該歸位的資料隨便亂塞，認爲在那麼多的資料裡，沒有人會注意到這件事。好死不死，正好上司就需要這些「不重要」的資料。事後，這名員工不但遭到處罰，更必須犧牲自己休假的時間，到公司整理資料室。

既然該做的事，就老老實實、好好地把它做好。與其偷雞摸狗造成失誤，得花更多的時間去處理，不如一開始就謹慎小心些。

小聰明可以幫自己解決一些難題，度過失意的時刻，但若把它運用在不當的事情上，不願靠自己的努力面對種種難關，最後只會讓自己得不償失。

PART 2

退一步，可以看得更清楚

太仔細觀察別人的錯誤，

反而會察覺不到自己的缺失，容人是一種雅量，

偶爾擦拭自己的心窗，才能眺望得更高更遠。

與其暴跳如雷，不如從容應對

面對不合理的要求，暴跳如雷地和對方正面衝突，只會使雙方不歡而散，甚至兩敗俱傷。

在美國的某個州法庭上，一位打扮入時、衣著華麗的女士控告丈夫有了外遇，鬧著要和丈夫離婚。

被她告上法庭的第三者，竟然是他丈夫所抱著的「足球」。女士氣咻咻地抱怨自己的丈夫，無論白天或晚上，總是去和運動場上的「第三者」足球相會，她認爲，這已嚴重剝奪了她作妻子的權益。

法官聽了啼笑皆非，試著向這位女士解釋道：「妳所控告的第三者不是人，除非妳控告生產足球的廠商，否則根據美國法律，法庭是不能受理這件案子的。」

沒想到過了幾天，這位婦女果眞向足球界的龍頭「宇宙足球」提出告訴。更令人跌破眼鏡的是，宇宙足球居然接受，並願意賠償這位婦女十萬美元，彌補她所經歷的孤獨。

這段有如電視劇般的情節，立刻造成轟動，使「宇宙足球」成了大街小巷津津樂道的話題，原本認識或不認識宇宙足球的人，都因此而更加熟悉這個品牌。花十萬美元就能使產品的銷售量倍增，對宇宙足球來說，這實在太划算不過的廣告了！

換個角度，就能讓自己幸福

這原本是一項可以置之不理的荒謬控訴，宇宙足球公司卻成功地順水推舟，使控訴成爲一項有利的宣傳。

關鍵就在於，宇宙足球公司看出其中暗藏的商機，迅速而慷慨地理賠，一舉建立了在足球界獨領風騷的品牌形象。

在這個故事中，我們得到的教訓是：面對不合理的要求，暴跳如雷地和對方正面衝突，只會使雙方不歡而散，甚至兩敗俱傷。

在這種時候，不妨換個角度，思考如何讓雙方互蒙其利，把劣勢轉爲優勢，你才能擁有無限的成功契機。

退一步，可以看得更清楚

太仔細觀察別人的錯誤，反而會察覺不到自己的缺失，容人是一種雅量，偶爾擦拭自己的心窗，才能眺望得更高更遠。

一位婆婆對剛娶進門的媳婦甚爲不滿，媳婦即使犯了一點小差錯，都會引起她勃然大怒。

她一會兒抱怨媳婦廚藝不夠精湛，連蔥、蒜、韭菜都分不清；一會兒又抱怨媳婦根本無心打理家務，而且常常加班到半夜才回家，也不曉得是不是眞的加班，還是在外面鬼混。

她甚至連兒子感冒發燒也算到媳婦頭上去，抱怨連丈夫的身體都照顧不好，還怎麼做人家老婆？

有一天，一個老朋友來到家裡作客，婆婆哪壺不開提哪壺，又開始埋怨媳婦的不是。

她指著陽台上的衣服說：「我眞不知道她媽媽是怎麼教她的，連洗個衣服都洗不乾淨。你看看，衣服上班斑點點的，她洗了老半天還是那個樣子，眞是浪費那些洗衣服的水！」

這位朋友聽了婆婆的話之後，向陽台仔細地瞧了一下，這才發現了問題的癥結所在。

他用抹布把窗戶擦了擦，然後拉著婆婆再朝陽台望去，婆婆大吃一驚，那些晾在陽台上的衣服居然一下子就變乾淨了。婆婆這才明白，原來不是媳婦的衣服洗不乾淨，而是家裡的窗戶髒了。

從此，她不再帶著有色眼光看待媳婦，婆媳兩人相處得越來越好，簡直跟一對親母女，不，是跟一對親姊妹沒什麼兩樣呢！

越自以爲是的人，越欠缺觀察與思考能力，也越容易受情緒控制。這樣的人只知道批評別人的缺失，卻察覺不出犯錯的人其實是自己，因爲偏執和怒氣遮蔽了他們的眼睛。

日常生活中，很多讓人惱怒的事情，實際上並沒那麼嚴重。很多時候，只要稍微退一步，你就可以看得更清楚。

智者一切求諸己，愚者一切求諸人，念頭寬厚的，如春風煦育，萬物遭之而生；心念狹窄的，如朔雪陰凝，萬物遭之而死。

遭遇不如己意的事情，不妨試著轉換心情。太仔細觀察別人的錯誤，反而會察覺不到自己本身的缺失，容人是一種雅量，偶爾擦拭自己的心窗，不爲灰塵所蒙蔽，心靈明淨，才能眺望得更高更遠。

感恩，是幸福的起點

感恩，是幸福的起點，因為感恩，所以惜緣、惜福。時時懷著一顆感恩的心，最大的受益人不是別人，而是自己。

有一艘載有數百人的豪華郵輪，在一次航行中意外地撞上了冰山，眼看著船隻即將沉沒，救生艇上卻再也擠不下多餘的乘客，許多人祈求一線生機，不管自己諳不諳水性，便慌張地跳海游泳逃生。

在危機四伏、人人力求自保的同時，有一位游泳好手不顧自己的安危，在汪洋大海中不停地游來游去，救起那些不會游泳的人。

他來來回回救起了二十多人，最後終於因體力不支而昏倒在岸邊，並且雙腿過度勞累而嚴重抽筋，被後來趕到的救難人員送往醫院急救。

當他清醒了以後，得知還有很多人罹難的消息，不禁潸然淚下，遺憾自己沒有多餘的力氣，不然或許可以再多救幾個人。

經過很長一段時間的休養，他的體力終於恢復，但是他的雙腿神經卻嚴重受損，兩腿壞死發黑，面臨了非得截肢不可的命運。這時的他，猶如失去雙翼的鳥兒，再也無法嘗到飛翔的樂趣。

幾年之後，當他與人談及那次的經歷時，有人問他，在那次經驗中，最難忘的是什麼？

他語重心長地回答：「我印象最深刻的，就是那被我救起來的二十幾個人當中，居然沒有一個人來向我說聲謝謝。」

換個角度，就能讓自己幸福

一位哲人曾說：「對一件好事表示感謝，就像做一件好事一樣偉大。」

時時懷著感恩的心，是一種寶貴的美德，更是一種基本的禮儀。知足的人是懂得感恩的，能對一花一草、一山一水都表示謝意的人，他的人生必定是富足而豐富的。

感恩，是幸福的起點，也是奮進的泉源，因爲感恩，所以惜緣、惜福。不知感恩的人，總是認爲自己的幸福都是應得的，不知飲水思源，又怎會珍惜眼前的一粥一飯？

這樣的人即使擁有了全世界的幸福，他們的生命卻依然是貧瘠的。

時時懷著一顆感恩的心，最大的受益人不是別人，而是自己。

做事一定要兼顧人情世故

既然是正確的事，理當勇往直前，但是也別忘了人情世故；這個世界不是非黑即白，更多時候，你我是身處於曖昧不明的灰色地帶。

社區裡有一家小雜貨店，裡頭應有盡有，老闆夫婦一起經營，做事勤快又認真，生意興隆自然不在話下。

不過，老闆卻對顧客長年賒帳的習慣感到十分頭痛，開店一年多以來，已經累積了數萬元的帳款沒有收回，連記帳的本子都已經不敷使用。然而，這些賒帳的人不是街坊鄰居，就是親朋好友，礙於情面，老闆也不好意思直接開口向他們催討。

隨著欠帳的數字愈來愈高，對於小本經營的雜貨店實在是一種壓力，但是街坊鄰居們時常見面，登門收帳未免太過小器，而且萬一弄巧成拙傷了和氣，等於斷了以後的客源。因此，老闆夫婦考慮再三，決定在店門口張貼一份公告，請賒帳者主動來還帳。沒想到，效果不彰，好幾個禮拜過去了，竟沒有一個人上門來還帳。

老闆夫婦別無他法，於是心生一計，把所有欠帳者的姓名統統公佈在佈告欄上，並寫明了如果再不還帳，將會專程登門拜訪，然後按照銀行利率，本息一起計算。這一招才剛祭出，便馬上奏效，積欠已久的帳款居然在一個禮拜之內全部回籠。

原來，老闆爲了不得罪客人，所公佈的欠帳者姓名全部都是假的，社區裡根本沒有這些人，鄰居們也都心知肚明，只是老闆這麼處心機慮地顧及客人的顏面，他們又怎麼好意思再拖欠呢？

從此，小店的生意比以往還要好，賒帳的人也減少許多了。

多一分顧慮，也正是多一分保障，如果沒有使用適當的方法，即使是對的一方，也可能變成無理。

「欠債還錢」本來是天經地義，但是看在對方眼裡，卻成了「斤斤計較」、「不留情面」，下次你還做不做得到他的生意？

既然是正確的事，理當勇往直前，但是也別忘了人情世故。這個世界並不是非黑即白，更多時候，你我是身處於曖昧不明的灰色地帶，得饒人處且饒人，因爲山水也終有相逢的一天。

千萬別當「隱形人」

送玫瑰花給別人的人，自己手中常留有餘香，多計較一點，你便多失去一點，不如誠以待人，誠以待己，這才是人生旅程中，最美好的一種報酬方式。

一年一度的豐年祭即將來臨，由於今年的收成特別好，因此村長決定要盛大舉辦，大肆慶祝一番以祈求來年的豐收。

爲了使慶典更加隆重熱鬧，村長在空地上擺了一個大得可以容納十幾個人的酒缸，要求每一戶人家貢獻一壺自己釀製的小米酒，好讓大家有喝不完的酒，可以把酒言歡，狂歡到天明。

慶典開始前，每一戶人家都鄭重其事地把自己帶來的酒倒入大酒缸中，大家同心協力之下，很快就把大酒缸裝滿了，然後大家圍著酒缸跳舞歌唱，好不快樂。

到了慶典即將落幕時，村長帶領衆人伏地謝天，感謝上天的恩德，並舀起酒缸裡的酒，人手一杯。

待村長唸完一段酬神的祝禱文之後，大家紛紛舉杯向天，然後一飲而盡。沒想到，酒還沒喝完，大夥兒的臉色就全變了，每個人皆面有愧色，你看我，我看你，面面相覷，良久吐不出一句話來。

原來，每戶人家所提供的酒壺裡，裝的都不是酒，而是清水而已。

每個人都以爲在這麼一大缸酒之中，用區區一壺清水充數是不會被發現的，於是大酒缸裡裝的滿滿都是水，沒有一滴酒，令原本歡樂無比的豐年祭尷尬地收場。

富蘭克林曾說：「平凡人最大的缺點，是常常覺得自己比別人高明。」

正因爲大家都有這種缺點，於是每個人都抱著投機取巧的心態，大家爾虞我詐，到最後聰明反被聰明誤。

現代人最難的處世原則是「誠實」，不只對他人誠實，也要對自己誠實。君子不失足於人，不失色於人，不失口於人；送玫瑰花給別人的人，自己手中常留有餘香。

多計較一點，你便多失去一點，不如誠以待人，誠以待己，這才是人生旅程中，最美好的一種報酬方式。

風光，往往由辛酸堆積而來

一般人只看得到別人表面的風光，卻忽略了他們背後的辛苦，成功不會從天而降，一點一滴，都必須從零累積而來。

一個有錢的富豪十分熱衷藝術，喜歡收集各地的奇珍異寶、文明古物和名家字畫。有一天，他聽說某個地方有一個畫家的畫功非凡，十分出色，因此不遠千里，專程前去登門造訪，請求畫家爲他畫一條龍，好讓他可以懸掛在家裡的門廊上。

畫家一口答應了，不過卻請富豪於一年之後再來取畫。

光陰似箭，歲月如梭，一年的時間很快就過去了，富豪又再度跋山涉水，來到畫家家裡，問他的作品情況如何。

畫家不慌不忙地走到畫架前，裁度大小適中的紙張，大筆一揮，才一晃眼的工夫，一條騰雲駕霧的飛龍便躍然於紙上，神氣活現，氣勢萬千。

富豪十分滿意，笑得合不攏嘴，不過畫家所提出的報酬卻令富豪一點兒也笑不出來。富豪十分不悅地說：「你只花了幾秒鐘的時間，就輕而易舉地把這幅畫完成了，怎麼還好意思獅子大開口，提出這樣的天價呢？」

畫家聽了面不改色，只是微微一笑，然後推開另外一間畫室的門。只見那間畫室的每個角落都堆滿了紙，每一張紙都畫滿了龍，有龍頭、龍尾、龍眼睛，甚至是龍身上的鱗片，每一部分無不細細揣摩，可想見他所花費的心血相當多。

畫家對富豪說：「你現在所看見的那條龍，是我花了一整年的時間，苦心練習才研究出來的，用這樣的價錢來換我一整年的時間和精力，應該不算太過分吧？」

「台上一分鐘，台下十年功」，一般人只看得到別人表面的風光，卻忽略了他們背後的辛苦；風光是辛酸的累積，成功不會從天而降，一點一滴，都必須從零累積而來。

「富貴功名，皆人世浮榮，惟胸襟浩大，是真正受用。」

羨慕別人成功的同時，不妨捫心自問：「他比我優越的地方在哪裡？」然後力求改進。如果對方實在沒有超越你的地方，那又爲什麼他做得到而你做不到呢？

答案是持之以恆！人的才幹或許尋常，但是只要有不尋常的恆心，就沒有什麼夢想是不能成眞的。

與其認賠了事，不如加倍投資

做人也和投資一樣，要睜大雙眼，切勿輕舉妄動，盲目的嘗試只會換得盲目的失敗，謹慎思考才是解套的最佳方法。

古老先生生性喜歡與人爲善，十分熱心助人，因此在商場上結交了不少朋友，一直到他退休之後，家裡依然人來人往，客人絡繹不絕。

一次，有位商人向古老先生借了一筆錢，準備從事布料進出口的貿易。沒想到，才剛起步，卻碰上了颱風，全台大淹水，剛買回來的布料還來不及搶救，就已經全部泡水了，只能以廉價出清，賠了一大筆錢。

商人無路可走，只好把事情一五一十地告訴古老先生，請他再幫一次忙。

古老先生不僅沒有向商人逼債，還慷慨解囊，再次借了一筆錢給這個商人，好讓他可以重新開始。

商人有了上一次的經驗之後，做起事來更為得心應手，也更謹慎小心，不但把上次賠的錢賺了回來，還建立了良好的事業基礎，對古老先生懷著一輩子的感激。

事後，有人相當好奇了地問古老先生：「老先生，當時你手頭也沒剩下多少老本了，難道就不怕借出去的錢要不回來？你肯這樣一借再借，到底是怎麼一回事？」

古老先生笑著說：「就是怕借出去的錢收不回來，所以才更應該再借錢給他啊！如果我只是袖手旁觀，他怎麼會有錢可以還我呢？既然他是個人才，我不如好人做到底，再幫他一把，事情才可能會有轉機啊！」

在投資上能大有斬獲的人，經常都具有不服輸的精神，遇到意外的挫折之時，並不輕易認賠了事，而是審時度勢後看準時機，加碼投資以扭轉局勢，最後終於反敗為勝。

投資如是，做人也如是，如果情況已經壞到不能再壞，那麼何妨孤注一擲，期待它能好轉呢？即使會遭遇更大的損失，至少也能讓你看清楚某個人或某件事，何嘗不是收穫一樁？

當然，做人也和投資一樣，要睜大雙眼，切勿輕舉妄動，盲目的嘗試只會換得盲目的失敗，謹慎思考才是解套的最佳方法。

學會「轉彎」說話的技巧

不小心打成了死結，你越是硬扯，反而纏得越緊；想要解開繩結，必須左拉右扯一步一步慢慢來，光靠蠻力是沒有任何效果的。

阿珠與阿花是公司裡有名的世仇。

阿花長得漂亮，加上做人八面玲瓏，因此即使做錯了事，別人也不忍心苛責，因此造成了阿花凡事粗心大意、不拘小節的習慣，覺得反正做錯了也不會怎麼樣。

偏偏阿珠最厭惡這一套，看不慣阿花凡事馬虎、敷衍了事的態度，因此處處針對阿花，只要一逮到機會便趁機諷刺阿花一番；雙方水火不容，還一度鬧上了經理辦公室。

有一次，阿花又不小心延誤了工作，受到阿珠毫不留情地嚴厲譴責。顏面盡失的阿花，忍無可忍地對另一位同事說：「麻煩你幫我轉達阿珠一聲，請她不要給臉不要臉，改改她的臭脾氣好嗎？」

同事拍著胸脯向阿花保證：「這點小事全包在我身上！」

果然，從那天之後，阿珠對阿花的態度有了一百八十度的轉變，見到阿花不只親切地微笑，同時也不再斤斤計較阿花的小毛病了，甚至還主動傳授幾招業務上的小技巧。

阿珠的態度大幅改變，令阿花感到受寵若驚，納悶之餘趕緊去向那位傳話的同事道謝。

阿花問道：「你眞厲害，到底是怎麼對阿珠說的？」

那位同事笑著說：「其實也沒說什麼，我只不過是告訴阿珠：公司裡有好多人都稱讚妳，尤其是阿花，直說妳工作認眞，是一個實事求是，值得好好學習的榜樣呢！」

有句俗話：「冤家宜解不宜結」，也有一句話說：「解鈴還需繫鈴人」，只要繫鈴人用對了方法，再複雜的結也可迎刃而解。

打過繩結的人都知道，要是不小心打成了死結，你越是生氣地硬扯，反而纏得越緊；想要解開繩結，必須左拉右扯一步一步慢慢來，光靠蠻力是沒有任何效果的。

這個道理用在人與人之間也是一樣，最需要忠告的人，通常最不願意接受忠告，與其苦心勸諫一個人，不如由衷讚美要來得有效。

以貌取人，最容易得罪人

越可怕的敵人越是藏在看不見的地方，永遠不要低估你的對手，即使他在你眼裡只是一個小丑。

薩羅國和迦昆羅衛國是相近為鄰的兩國，薩羅國資源豐沛，國勢強大，因此當薩羅國國王向迦昆羅衛國國王提出和親的要求時，迦昆羅衛國的國王根本不敢拒絕。

但是，他又不甘皇親貴族之女就這麼嫁到鄰國，因此魚目混珠，將一位奴婢嫁給薩羅國國王為妻。

這個奴婢雖然出身卑微，卻在耳濡目染下知書達禮，出得廳堂，入得廚房，深受薩羅國國王的寵愛，不久便生下一個兒子，也就是歷史上十分有名的「玻璃王子」。

「玻璃王子」幼年的時候常陪著母親回娘家，迦毘羅衛國的人知道「玻璃王子」的母親出身貧賤，不但不願意和他一起玩耍，還常暗地裡欺負他，想盡各種花招羞辱他。沒有一個人把「玻璃王子」當成貴族看待，反而嘲笑他是奴婢的兒子。

到了他八歲的時候，母親送他到迦毘羅衛國學習射箭，更是成天被人呼來喝去，嚐盡了世間冷暖。於是，他心中的怒氣一步步升起，猶如即將爆發的火山，等待有一天可以將欺負他的人一除爲快。

多年之後，薩羅國國王駕崩，「玻璃王子」順理成章地繼承了王位，新國王上任後的第一件事，便是率兵攻打鄰國，一報多年的仇恨。

英雄不論出身低，以貌取人不只會令你錯失慧眼識英雄的機會，還可能讓你因此得罪了別人，連怎麼死的都不知道。

君子報仇十年不晚，迦昆羅衛國的人民若是知道小鳥也會有翅膀長硬的一天，恐怕也不敢如此牙尖嘴利、盛氣凌人。

惡言惡行是一種兩面打擊的惡行，不僅傷害了對方，也傷害了自己。

越可怕的敵人越是藏在看不見的地方，永遠不要低估你的對手，即使他在你眼裡只是一個小丑，任你嬉笑怒罵，但是只要時機成熟，小丑一樣可以成爲武士，殺得讓你措手不及。

PART 3

換個角度，就會找到出路

蕭伯納曾說過：「當問題發生時，人們往往歸咎於環境，

事實上，一個人應該努力適應四周的環境，

如果無法適應，便要自己去創造環境。」

小事就是成功的基礎

許多看似微不足道的小事，都是成功金字塔上的一塊塊小磚頭，不加以實踐，又如何造就出成功？

《聖經》裡有一個故事，說耶穌帶著他的門徒彼得出外遠行，途中，耶穌看到地上遺落著一塊破舊的馬蹄鐵，於是要求彼得把它拾起來。

但是，彼得卻因爲旅途勞累，不願爲一塊馬蹄鐵折腰，因此充耳不聞，故意假裝沒有聽到。

耶穌並沒有多說些什麼，自己彎腰撿起馬蹄鐵。

到了城裡，他用這塊馬蹄鐵向鐵匠交換了微薄的金錢，又用這些錢買了十

七、八顆櫻桃。

師徒兩人繼續往前行，來到了一片荒野，四周雜草叢生，礫石遍地，簡直是個鳥不生蛋的地方。

彼得背著沉重的行李，走得又累又渴，但是身上的水卻早已喝光了，正當苦無對策之際，耶穌悄悄地從衣袋裡丟出一顆櫻桃。彼得看到了，像是發現什麼大寶藏似的，連忙撿起來吃。

於是，耶穌每走一段路就丟下一顆櫻桃，彼得也只好每走一段路便彎一次腰，一路上為了甘甜的櫻桃，狼狽地彎了不知道多少次腰。

耶穌見到彼得腰酸背痛的模樣，知道他受夠了教訓，於是笑著說：「如果你不肯為小事付出，那麼你將會為更小的事而付出更多。」

換個角度，就能讓自己幸福

清代中興名臣曾國藩曾說過一句名言：「堅其志，苦其心，勞其力，則事無大小，必有所成。」

許多看似微不足道的小事，都是成功金字塔上的一塊塊小磚頭，不加以實踐，又如何造就出成功？

法國作家夏爾曾經這麼說：「為了換取燦爛的光華，你必須去吹動那些微弱的火花。」

耕耘貴在腳踏實地，而非幻想著一步登天，大多數人的成功，都是建立在務實的基礎上，一步一腳印，路，就是這麼走出來的。

別為小事傷腦筋

很多人都有相同的目標，卻常常因為選擇的道路不同，走路的方式不同，結果也有了天壤之別。

一位太太爲了熬出一鍋好湯，於是邀請鄰居的太太來家裡指導。她買齊了材料，準備生火燒水，鄰居太太卻說：「這個不銹鋼鍋不適合熬湯，我還是再去買一個陶鍋，熬出來的湯會美味一些。」

然後，她匆匆忙忙地卸下了圍裙，跑去買鍋子。

鍋子很快就買來了，這位太太正要燒水，鄰居太太卻說：「我想起來了，我有一組餐具很配這個陶鍋，等我一下，我回家找找去。」

然後，她急忙跑回家翻箱倒櫃，滿身大汗地把餐具拿過來。

正當燒水之際，鄰居太太又看了看準備入鍋的材料，搖了搖頭說：「不行，這肉片切得太大塊了，不容易入味，我得把它切小塊一點才行。」好不容易拿出了菜刀，才切沒兩三下，鄰居太太又說了：「這菜刀不利了，得趕緊磨一磨才好。」

於是，她丟下菜刀，回家去把磨刀石拿過來。等到磨刀石拿來以後，她又發現，要磨利刀子，必須用木棍固定一下才方便，所以她又連忙出外尋找木棍，找了好半天都不見蹤影。

在家裡等待的這位太太只好先把材料下鍋，一邊煮一邊等。

直到鄰居太太氣喘如牛，手裡拿著木棍跑回來時，鍋裡的材料早已熟透，可以開始大快朵頤了。

看完這則故事之後，你一定心裡偷笑，天底下怎麼會有像鄰居太太這麼愚笨的人啊！

事實上，我們雖然不至於像鄰居太太做出這麼多愚蠢的事，但是很多時候，我們也犯了一樣的毛病，只看見眼前的事物，卻忘了自己最終的目標，終日為小事營營役役，到頭來卻仍是一場空。

歌德曾說：「決定一個人的一生，以及整個命運的，只是一瞬之間。」

那「一瞬之間」指的是你做事的態度、做事的方法。

很多人都有相同的目標，卻常常因為選擇的道路不同，走路的方式不同，結果也有了天壤之別。

愚蠢的人為了無謂的小事而浪費光陰，聰明的人卻善用每分每秒，山不轉路轉，完成一件事的方法永遠不只一個。

流汗總比流血好

林肯說：「平時的學習與經驗，是我們在危急關頭時最有力的支持者。」不要埋怨吃苦，應該感謝上蒼，至少你還有吃苦的機會。

一九四二年，二次世界大戰正進行得如火如荼，隨著戰爭情勢的發展，戰場即將轉移至北非。

這時，巴頓將軍意識到自己的部隊早已習慣了歐洲舒適宜人的環境，一下子移師到天氣酷熱的北非，那裡惡劣的氣候將成爲士兵們的頭號敵人。

所以，巴頓將軍就模擬北非的環境，建造了一個類似沙漠地區的訓練中心，讓士兵們在四十八度的高溫下，每天在沙漠裡跑上一英哩，且規定每位士兵每天只能用一壺水。

士兵們如同從天堂掉進了地獄，叫苦連天，但是巴頓將軍卻絲毫不肯鬆懈。他以身作則，陪著士兵們一起接受種種艱苦的訓練，並鼓勵士兵們說：「平時多流一點汗，打仗時就可以少流一點血。」

不久，盟軍總部下達了開戰的命令，巴頓將軍立即率領著部隊進入北非沙漠，先前的訓練這下子全派上了用場。部隊很快就適應了沙漠裡的酷熱難耐，絲毫不受環境的影響，並且一舉大敗德軍，在北非沙漠裡屢建奇功，終於凱旋而歸。

換個角度，就能讓自己幸福

法國哲學家沙特曾經寫道：「如果我不盡力按照自己的意願去生存的話，我總覺得活著是很荒謬的事。」

的確，人必須勇敢做自己，印證自己有多大價值。只有真正能夠主宰自己生活的人，才能夠徹底發揮自己的專才，讓生命更加精采。

老鷹在練習飛翔時總是順風而飛的，但是一旦遇到了危險，轉過頭來逆風而行時，反而可以飛得更高。

環境對人的影響甚鉅，草木不經霜雪則生意不固，人不經憂患則德慧不成，什麼樣的環境，便造就出什麼樣的人，如果不懂得適應環境，就會像溫室裡的花朵，一旦移出室外，必定枯萎而死。

美國總統林肯曾經說過：「平時的學習與經驗，是我們在危急關頭時最有力的支持者。」

因此，不要埋怨吃苦，應該感謝上蒼，至少你還有吃苦的機會。

換個角度，就會找到出路

蕭伯納曾說過：「當問題發生時，人們往往歸咎於環境，事實上，一個人應該努力適應四周的環境，如果無法適應，便要自己去創造環境。」

小高有一次在外頭玩得太晚，只好走夜路回家，途中經過一片荒地，路上一片漆黑。

小高一邊走一邊咒罵，懊悔自己早先遺落了打火機，害得現在連一點照明的工具都沒有。

正在怨天尤人的同時，突然眼前出現了一點亮光，逐漸向自己靠近，於是小高加快腳步，朝燈光走過去。

等到走進燈光裡的時候，小高才發現那個拿著手電筒走路的人，竟然是個雙目失明、戴著墨鏡的瞎子。

小高感到十分詫異，於是開口問那名瞎子道：「你又看不見，手電筒對你而言一點用處也沒有，爲什麼你還要帶著手電筒呢？」

瞎子聽了小高的話後，緩緩地嘆了一口氣說：「你有所不知，這條路實在太黑了，別人常常看不到我，匆匆忙忙走過去，一不小心就把我撞倒了，所以我只好拿著手電筒走路。雖然我看不到別人，但是別人可以看到我，就不會再把我撞倒了。」

換個角度，就能讓自己幸福

英國劇作家蕭伯納曾說過一番得我們深思的話：「當問題發生時，人們往往歸咎於環境，事實上，一個人應該努力適應四周的環境，如果無法適應，便要自己去創造環境。」

在這則故事中，聰明的瞎子懂得變通，製造了一個適合自己的環境，可說利人又利己。

人生到處充滿著意外和變化，只知道沿襲過去或安於現在的人，最後必然失去未來。

做人做事就應該和這位瞎子一樣，懂得適時地轉彎，反向思考。換個心情看事情，爲自己的困頓找出路，困難其實沒有想像中那麼複雜，只要換個角度，你便可以看得更清楚。

別老是為自己找麻煩

問題已經發生了，你所能做的就只有盡力解決，世上沒有解決不了的麻煩，除非是你不斷替自己製造麻煩。

小柯原本是公司裡的修理工，因爲表現優異，才不到半年的時間就被提升爲領工，負責管理公司裡所有大大小小的機械。

這麼短的時間便獲得如此亮眼的成績，著實給小柯帶來了不少壓力。升任後，他一面積極參與公司裡的各種事務，一面又擔心自己的能力不足以承擔如此重任。

午夜夢迴時，小柯時常夢見公司出現了什麼問題或錯誤，自己嚇出一身冷汗，無一夜好眠，「焦慮」成了他最忠實的朋友。

有一天，公司的四部牽引機同時故障，作業一度陷入癱瘓。小柯終日擔憂的事情終於發生了，完全不知所措，腦子裡一片空白，只好請求上司幫助，向他報告這突如其來的意外。

小柯心想發生了這樣的事，上司一定會大發雷霆，自己的職位也將不保，因此抱著戰戰兢兢的心情，渾身發抖來到了上司的面前。

想不到上司聽了小柯的陳述之後，居然若無其事繼續做他的事，連頭也不抬一下，只慢條斯理地對小柯說：「這沒什麼大不了的，機器壞了，那就把它修好啊！」

小柯聽了這番話，多日來的煩惱、恐懼全部一掃而空，是啊！兵來將擋，水來土淹，有什麼解決不了的呢？於是，小柯以極佳的效率，迅速修好了那四部故障的機械。從此以後，他不再爲焦慮所困，很快地適應了自己的工作，成爲一個非常優秀的領工。

換個角度，就能讓自己幸福

小柯杞人憂天，將心力投注在那些未知的事物上，反而使自己整天誠惶誠恐，無法沉著地面對困難。

西方有一句名言說：「責任和今天是屬於我們的，結局與未來則屬於上帝。」這句話與中國古諺「盡人事，聽天命」有異曲同工之妙，明天太遙遠了，誰也不知道將會發生什麼事，不如把握當下，珍惜眼前，無論遇到多大的困難，都無須驚慌。

問題已經發生了，你所能做的就只有盡力解決，世上沒有解決不了的麻煩，除非是你不斷替自己製造麻煩。

專家，只是訓練有素的狗

成功如同過眼雲煙，稍不留神便失去了蹤影，真正了不起的人，永遠不會對自己滿意，心懷謙虛，才能繼續往上爬去。

宋朝有個人名叫陳堯咨，是個聞名於世的射箭高手，十分為自己的箭術感到自豪，經常當眾表演。

有一次，陳堯咨在旁人起哄下，找了一塊市集旁邊的空地表演射箭。只見他不僅箭箭正中紅心，而且穿透箭靶，出神入化的箭術果然名不虛傳。

旁觀的人無不大聲拍手叫好，以無比欽羨的眼光投向陳堯咨，只有一位賣油的老人沒有拍手，只是以淡然的眼光看了他一眼，好像是認為他的射箭技術沒什麼了不起。

一向被人捧上天的陳堯咨看到了老人的反應，不免有些不服氣，逕自走向賣油的老人，問道：「老先生，請問您也會射箭嗎？」

老人搖了搖手說：「我並不會射箭，不過我知道，箭射得再好也不過是手法熟練而已，沒什麼特別的。」

陳堯咨哪裡禁得起這番羞辱，頓時怒火中燒，衝口便說：「豈有此理！既然你不會射箭，又怎麼能批評我的技術呢？」

賣油的老人聽了並不生氣，只是拿起一個盛油的葫蘆放在地上，在葫蘆口上放了一個銅錢，然後舀起一杓油，不慌不忙地把油從錢眼中倒進葫蘆裡。一杓油倒完了，銅錢上卻連一滴油也沒沾到，眾人無不嘖嘖稱奇，連陳堯咨也不由得甘拜下風。

此時，老人舉起了葫蘆，笑著對陳堯咨說：「雕蟲小技何足掛齒，不過是熟練罷了。」

通常爬得越高的人，越是虛懷若谷的人。

一般人常爲自己的一點成就感到滿足，並且洋洋得意，怠於追求更大的成就。所謂驕者必敗，一個人的成就就像滾雪球一般，不斷地努力往前推，它就會越滾越大，一旦停了下來，雪球便會溶化。那些「小時了了，大未必佳」的人就像溶化的雪球一般，不進則退。

成功如同過眼雲煙，稍不留神便失去了蹤影。因此，眞正了不起的人，永遠不會對自己眼前的成就滿意，因爲他們知道，唯有繼續往上爬去，才能眞正擁有得來不易的成功。

想擁有明天，先重視今天

先天的環境也許無法改變，但是後天的努力卻不可忽視。想要擁有什麼樣的明天，請先重視自己的今天。

一位兒童心理學家請來兩位七歲的孩子進行一項實驗。

他先給其中一位孩子看一幅畫，畫裡是一隻小熊坐在餐桌旁邊哭，而熊媽媽雙手插著腰，板著臉站在一旁。

「你覺得這幅畫在說些什麼呢？」心理學家問。

孩子想了想，然後用天真童稚的口吻說：「這隻小熊在哭，因爲他肚子餓，想吃東西，可是家裡已經沒有東西吃了，熊媽媽雖然也很難過，但是她實在沒有辦法再弄東西給小熊吃，只好兇巴巴地命令小熊不許哭。」

接著，心理學家又讓另一名小孩看同樣的一幅畫，並請他把畫裡的意思表達出來。

「小熊看到了他不喜歡吃的東西，所以不願意吃，可是他媽媽卻逼他要把東西吃完才可以下桌，所以小熊就哭了。」這名孩子回答。

實驗結果證實，第一位孩子來自一個貧窮的家庭，家裡有八個兄弟姊妹，三餐無以爲繼；而第二位孩子則來自一個富裕的人家，是政府高官的長子金孫，家裡環境優渥，衣食無缺，從來不曉得挨餓是什麼滋味。

換個角度，就能讓自己幸福

在這則故事當中，兩個孩子的想法反映出了他的家庭背景，可見環境影響之深，什麼樣的環境就培育出什麼樣的人。

因此，不要忽略教育的功效，先天的環境也許無法改變，但是後天的努力卻不可忽視。想要擁有什麼樣的明天，請先重視自己的今天，栽培自己，也培育你的下一代。

人面對環境所採取的態度，決定了日後的高度。

一個人能否創造出一番成就，關鍵往往在於是否懂得用積極樂觀的態度，面對競爭激烈的人生戰場。

如果能適時選擇正面的思想，將會對自己產生重大影響。正因爲心態足以決定成敗，我們更需要時時刻刻將心態調整到最佳狀態。

你是個「是非傳播者」嗎？

流言比劍可怕，可以傷害一個人於無形，道聽塗說的人，等於是把自己的快樂加在別人的痛苦之上。

有一次，蘇格拉底的一位門生匆匆忙忙地跑來找蘇格拉底，邊喘氣邊興奮地說：「告訴你一件事，你絕對想像不到的……」

「等一下。」蘇格拉底毫不留情地制止他，「你要告訴我的話，用三個篩子過濾過了嗎？」

門生察覺情況不妙，不解地搖了搖頭。

蘇格拉底繼續說：「當你要告訴別人一件事時，至少應該用三個篩子過濾一遍，第一個篩子叫做眞實，你要告訴我的事是眞實的嗎？」

「我是從街上聽來的，大家都這麼說，我也不知道是不是眞的。」

「那就該用你的第二個篩子去檢查，如果不是眞的，至少也該是善意的，你要告訴我的事是善意的嗎？」

「不，正好相反。」門生羞愧地低下頭來。

蘇格拉底不厭其煩地繼續說：「那麼我們再用第三個篩子檢查看看，你這麼急著要告訴我的事是重要的嗎？」

「並不是很重要……」

蘇格拉底見狀，立即打斷了他的話：「既然這個消息並不重要，又不是出自善意，更不知道它是眞是假，你又何必說呢？說了也只會造成我們兩個人的困擾罷了。」

蘇格拉底曾說：「不要聽信搬弄是非的人或誹謗者的話，因為他不會是出自善意告訴你的，他既會揭發別人的隱私，當然也會同樣地對待你。」

因此，他訂出了說話前的三個篩子，不做始作俑者，當然也不要受人利用成了是非的傳播者。

流言比劍可怕，可以傷害一個人於無形，道聽塗說的人，等於是把自己的快樂加在別人的痛苦之上。

說話反應一個人的智慧，謹言慎行、言之有物是說話智慧的最高準則，會讓你一生都受用無窮。

不要一味用自己的標準衡量別人

每個人都有自己的世界，可悲的不是活在狹窄的天地，而是只活在自己的世界中，一味以自己的眼光看待別人。

有一名自認學富五車的學者搭船過江，船來到河中，爲了誇耀自己學識淵博，便問船夫說：「船夫啊，你懂文學嗎？」

船夫搖搖頭表示不懂，學者不屑地說：「不懂文學，那你就等於失去了一半的生命了。」

過了一會兒，學者又嘲諷夫：「那麼，你懂哲學嗎？」

船夫搖搖頭，學者又惋惜地說：「不懂哲學，那你就又失去了另一半的生

命了。」

船行到河中，學者又問：「既然你不懂文學，也不懂哲學，請問歷史、生物、美學……你知道的有哪些呢？」

船夫聳了聳肩說：「我一樣也不知道。」

學者聽了擺出相當鄙夷的表情，誇張地說：「我眞爲你的無知感到難過。什麼都不懂，那你活著還有什麼意思呢？」

說時遲那時快，突然，一個大浪打上來，小船一不小心就被浪花打翻了，船夫和學者雙雙落入水中。學者嚇得面無血色，不停地掙扎著，船夫問：「你懂游泳嗎？」

學者搖搖頭，船夫接著說：「那你就失去了你全部的生命了。」

換個角度，就能讓自己幸福

故事中，這位言詞刻薄的學者自認爲了解天地間所有高深的哲理，卻忽略了最淺易的處世方法，沒料到自己會因爲恣意嘲弄船夫，而可能喪失了寶貴的生命。

如果你是故事中那位被批評得一無是處的船夫，在學者可能慘遭滅頂的時候，會不會對他伸出援手呢？

印度詩人泰戈爾曾說：「越是有人責備我，我就越堅強；越是面對刻薄的人，我就越懂得寬容。」

因爲，刻薄的人，有時候是一面自我省思的鏡子，我們可以從鏡中看到自己曾經刻薄的嘴臉，進而體會到被刻薄的人，那份渴望被寬容的心情。

學者與船夫的故事告訴我們：人各有志，各人頭頂一片天，因此，爲人處世不要太過刻薄。因爲你的魚翅說不定會是別人的毒藥，怎能用同樣的標準去衡量所有人？人更沒有資格仗著自己的學識，去評斷別人的生存價值。

每個人都有自己的世界，可悲的不是活在狹窄的天地，而是只活在自己的世界中，一味以自己的眼光看待別人。因此，爲人處世的最高境界就是懂得向刻薄的人學習寬容。

PART 4

低估別人，等於看輕自己

低估別人，也就等於看輕了自己，

不能知己知彼的話，還能成就什麼大事呢？

念頭轉個彎，視野更寬廣

每個人都有缺點，也都會有讓人看不順眼的地方，既然我們可以容忍自己的缺點，那為什麼不能以同樣的態度，面對其他人不完美的地方呢？

甲商人與乙商人一同結伴做生意，來到一個非洲的土著國家。這個地方的人既不穿衣服，也不常洗澡，身上惡臭難聞，尤其是他們對所有的動物皆生吞活食，在外地人眼中特別感到血腥暴力。

甲商人見到了這幅景象，皺著眉頭說：「這些人還稱得上是人嗎？簡直比畜生還不如，我們還是別和這種人打交道了吧！」

乙商人卻不以爲然地說：「我們商人本來就是要和不同的人做生意，這個

地方雖然不是很文明，但是，我看他們民風相當淳樸，自己有自己的一套生活習慣，說不定，他們反而覺得我們這些人穿的衣服是累贅，不敢殺生是懦弱的行爲呢！」

於是，乙商人誠意十足地和他們做生意，每天和他們一起吃飯喝酒、唱歌跳舞，土著們對乙商人帶來的刀子、鏡子、手電筒……等都十分好奇，他的貨物一下子就被搶購一空了。

而甲商人不只不願意接近那些土著，還時常以睥睨的眼神注視他們，終於引起了土著們的反感。

於是，土著們趁著一個月黑風高的夜晚，把甲商人所睡的帳蓬偷偷搬到荒郊野外，等甲商人醒來，好不容易一步一步走到有人煙的地方時，他的兩隻腳板已經滿是傷痕了。

識時務者爲俊傑，入境隨俗不只開啓了一扇友誼的窗，也可以讓自己體驗不同的生活方式，何樂而不爲呢？

每個人都有缺點，也都會有讓人看不順眼的地方，天底下沒有十全十美的人，既然我們可以容忍自己的缺點，那爲什麼不能以同樣的態度，面對其他人不完美的地方呢？

四海之內皆兄弟，仇恨、冷漠、紛爭、僵局都是人類自己所造成的，只有當你放下驕傲的自我，才能更接近廣大的世界。

試著把話說得更好聽

忠言逆耳，古有明鑑，世人皆如此，那麼又何必硬要朝他人的痛處踩下去呢？

有個國王在夜裡做夢，夢見他的頭髮全部掉光了，醒來後心急如焚，連忙請來一位解夢大師，問問這個夢境的意思。

這名解夢大師聲名遠播，無人不曉，據說非常靈驗。大師聽了國王的夢境後，嘆了口氣說：「國王陛下，這個夢說明了您的親人將會遭到不測，如同頭髮掉落一般，實在是不幸啊！」

國王聽了勃然大怒，拍著桌子說：「來人啊！把這個胡說八道的傢伙給我拖出去斬了！」

話雖如此，國王還是感到不放心，立刻又召來了另一位解夢專家，請他說明這個夢境的意義。

聽了國王的敘述之後，解夢專家展開了笑容，向國王深深一鞠躬說：「恭喜國王，賀喜國王，這個夢顯示您將會活得比您所有的親人還久。」

國王聽了，總算放下了心裡那塊大石頭，趕緊命侍衛帶領解夢專家至庫房領取賞金。

途中，侍衛大惑不解地問：「在我聽來，你們兩個解夢大師的解釋並沒有什麼不同啊！爲什麼國王卻一會兒生氣，一會兒又如此高興呢？」

解夢專家氣定神閒地笑著說：「同樣的意思，他說的是國王不喜歡的那部份，而我說的則是國王想聽到的話。」

無論你面對的是誰，不管你要講述的是什麼事情，把話說出口之前，都要顧及對方的心理感受。

表達的意思相同，但是只要表達的方式不同，結果也就大不相同。

直言相諫的忠臣，通常也死得最快，反倒是口蜜腹劍的小人，在歷史上層出不窮，廣受君主的重用。

忠言逆耳，古有明鑑，世人都喜歡聽好聽的話，那麼又何必硬要朝他人的痛處踩下去呢？

掌握說話的藝術，不代表你只能說好聽的話，而是要學習如何把話說得更好聽一點，每個人都喜歡聽好話，只要誠實無害，何樂而不為呢？

付出越多，得到就越多

付出越多，得到也越多，成功並非什麼複雜的化學作用，有時，它運用的只是簡單的槓桿原理而已。

一位台灣旅客在日本旅遊時，到某家知名的電器行買了一台液晶電視，準備帶回台灣。

當天晚上，他把電視的包裝拆開，準備拿出來好好觀賞一番時，發現這台電視的尺寸竟然與他指定購買的大小不合。他非常憤怒，認爲是電器行掉了包，故意矇騙觀光客，準備隔天就去找那家電器行理論。

第二天早上，正當這位旅客準備出門時，忽然接到電器行打來的電話。他

還沒來得及發脾氣，對方便已在電話中頻頻賠不是，請客人在飯店裡等候，公司會馬上送新的電視過去。

沒多久，電器行的總經理和一名職員親自登門道歉，不僅送來了正確尺寸的液晶電視，還加送ＤＶＤ一台，以補償爲顧客所帶來的麻煩。

這位台灣旅客如同塞翁失馬，看到了這一切，滿腔的怒火早就澆熄了。

總經理並向客人解釋，公司昨天晚上便已發現賣出的電視尺寸有問題，可是因爲購買同類商品的人實在太多，因此出動所有的職員找出售貨發票，一張張查詢，直到今天早上才終於找到這裡。

總經理並對造成客戶困擾，致上最深的歉意。

台灣旅客好奇地問：「我只不過是一位觀光客，以後再光顧你們公司的機會很少，爲什麼你們還要提供這樣的服務呢？」

總經理笑了笑，回答道：「只要是客人，就應該一視同仁，不管您會不會再來我們公司消費，只要您光顧過我們公司，您就是我們的客人。」

換個角度，就能讓自己幸福

很多時候，成功就隱藏在那些看不見的小地方當中，你不經意地一眨眼，很可能就錯過了。

很多事情，其實不去做也沒什麼大不了，做了也不一定會得到什麼好結果，但是，當你內心還在掙扎著到底要不要做的時候，成功的腳步卻已經離你越來越遠了。

既然你還有時間，既然已經想到了，那爲什麼不試著多做一點，多付出一些努力呢？

付出越多，得到也越多，成功並非什麼複雜的化學作用，有時，它運用的只是簡單的槓桿原理而已。

不注意小事，就沒機會做大事

在你眼中的小事，卻可能是別人心中的大事，寧可多下點功夫，在小事上著手，也不要他日悔不當初，連做大事的機會都沒有。

一位剛從餐飲學校畢業的青年，透過朋友的介紹，到一家高級餐廳應徵廚師的工作。主廚和這位青年約定星期三的早上九點，到餐廳來進行面談，然後帶他去見餐廳的老闆。

到了星期三早上，這位青年睡過了頭，九點十分才到達餐廳，但是主廚卻忙著指揮廚房，沒有時間接見他了。

過了幾天，這位青年再去求見主廚，請他再給一次機會，主廚問起他之前失約的原因。青年理直氣壯地回答說：「我並沒有失約啊！只是遲到了一會兒，等我九點十分來的時候，你已經在忙其他的事了。」

「我記得我和你約定的時間是九點。」主廚提醒他。

青年自知理虧，支支吾吾地說：「我只不過遲到個十分鐘而已，應該也沒什麼大不了吧！」

主廚看見青年強詞奪理，絲毫沒有悔意，於是嚴厲地說：「遲到十分鐘和遲到一小時並沒有什麼差別，因爲遲到就是遲到，不只是浪費了我的時間，也會令人看輕你的人格。你必須知道，做菜的時候，如果多燒個十分鐘，菜就會燒焦，做人也是同樣的道理，因爲你不能準時，我們餐廳已經在同一天應徵了另外一個廚師，你因爲十分鐘而失去了一個你想要的工作，應該也沒什麼大不了吧？」

換個角度，就能讓自己幸福

十分鐘，看似沒什麼大不了，實際上，那卻反應出了一個人的品行、人格，也是別人評價你的準則。

俗話說得好：「小事不成，何以成大事？」

見微知著的不只是事情，對人也一樣，一些壞習慣之所以如影隨形、積弊日深，皆因爲它們在一開始時都只是小事。

在你眼中的小事，卻可能是別人心中的大事，寧可多下點功夫，在小事上著手，也不要他日悔不當初，連做大事的機會都沒有。

原諒比指責更有效

一個人的心境是可以由自己來決定的，指責別人的錯誤也許非常重要，然而，適時原諒別人的錯誤，才是更高一層的功夫。

在一次大戰結束後的慶功宴上，楚莊王由於大獲全勝，因此十分高興，不僅大魚大肉款待衆位將領，更安排自己的一位寵妃，到席間親自爲戰士斟酒，藉此表示獎勵。

酒足飯飽之際，將士們的酒越喝越多，膽子也越放越開。當這位妃子穿梭席間替將士們斟酒時，大廳上的蠟燭突然被風吹熄了，黑暗中，妃子感覺到有人趁機摸了她一把。

她急中生智，一把扯下了那個人頭盔上的帽帶，然後回到楚莊王的身邊，既生氣又委屈地把這件事情告訴了楚莊王，請他好好懲治一下那個沒有了帽帶的登徒子。

楚莊王聽說有人調戲自己的愛妃，當然怒火中燒，但隨即轉念一想，在場人士皆是有功之臣，而且在慶功宴上每個人都已滿臉酒意，一時失態忘形實在無可厚非，不值得大驚小怪，又何必爲了一個無心之過而小題大作，破壞原本歡樂的氣氛呢？

於是，楚莊王舉起酒杯，對所有的將士們說：「今天宴請大家，一定要玩得盡興，不醉不歸，因此請所有人都脫下頭盔，不必拘泥禮節，大家一起狂歡吧！」說罷，全場的人皆脫下頭盔，再也分不出誰是那個被扯下帽帶的無禮軍官了。

人生不可能沒有困擾、懊惱，要學會轉換心情看事情，才不至於讓小事困住自己。懂得寬厚面對，才能替自己創造更多機會。

楚莊王寬宏大量，並體恤軍心，掩小惡以顧全大局，因此能在春秋時代，爲楚國開拓出一片繁榮盛世。

很多事情，本來也都可大可小、可有可無，每個人的身上也總有幾處汙點，嫉惡如仇的人猛盯著那些地方看，心中自然充滿了憎惡；有容乃大的人卻假裝看不見那些髒污的地方，設法往好處看，只要對方瑕不掩瑜，心中自然充滿了喜樂。

一個人的心境是可以由自己來決定的，指責別人的錯誤也許非常重要，然而，適時原諒別人的錯誤，才是更高一層的功夫。

低估別人，等於看輕自己

低估別人，也就等於看輕了自己，不能知己知彼的話，還能成就什麼大事呢？

話說匈奴王侯冒頓殺害了自己的親生父親，篡奪王位之後自立爲單于，鄰國的東胡王趁著匈奴異變，想趁機敲詐一番。

因此，東胡王趁著冒頓的王位還沒坐穩，便派使者前往匈奴，命令冒頓交出他的千里馬以換取和平。朝中大臣知道了這件事後，個個火冒三丈，認爲東胡王這擺明了就是勒索，連忙進諫冒頓單于：「千里馬是我們的寶物，怎麼可以讓他說要就要呢？」

冒頓知道自己才剛奪得大權，若是與東胡王動起干戈，恐怕無力抗衡，因此不理會大臣們的意見，搖著頭說：「我們兩國爲鄰，送匹馬作見面禮也未嘗不可。」

於是，他便把千里馬拱手讓給了東胡王。沒想到東胡王竟然食髓知味，才隔了幾個月，又派遣使者前來索求冒頓的一名寵妃。

朝中上下聽了這項過分的要求，無不義憤塡膺，請求冒頓單于一定要出兵討伐，以維護自己的立場。然而，冒頓卻無視群臣的抗議，只淡淡然地說：「爲了一名女子而兵戎相見，死傷的會是更多無辜的人民，實在沒有必要。」於是又把寵妃獻給了東胡王。

東胡王看見冒頓如此唯命是從，於是更加變本加厲，命使者再次前往匈奴索求兩國交界的一塊土地。

這塊土地荒涼貧瘠，無人居住也毫無作用，於是大臣們向冒頓進言：「寶馬、美人都可以給了，那裡不過是一片荒地，給了算了。」

冒頓聽了勃然大怒：「是可忍孰不可忍？沒有土地就沒有國家，豈能將土地白白送人！」

於是，冒頓單于立即率領傾國之軍，浩浩蕩蕩地討伐東胡。東胡王予取予求，屢嚐甜頭，以爲自己勝券在握，完全沒想到匈奴來勢洶洶，毫無防範之下，只好束手就擒，從此只能卑躬屈膝，向冒頓俯首稱臣。

換個角度，就能讓自己幸福

匈奴王勝在謀略，贏回了尊嚴；東胡王則敗在輕敵，輸掉了江山。

老子曾說：「統治一個大國家，要像廚子烹調一條小魚一樣，絕對不可太過火。」這句話除了爲政治國，更適用於待人處世，凡事適可而止，不宜過火，否則將自取滅亡，落得和東胡王一樣的下場。

記住，不要看輕你的對手，因爲你不是他，永遠不會知道他手中還握有哪些王牌。低估別人，也就等於看輕了自己，不能知己知彼的話，還能成就什麼大事呢？

會做人，比會打仗重要

最大的考驗往往不是來自外界，而是取決於自己；最重要的評價也不是別人怎麼說，而是如何面對自己的良心。

三國時代，征戰連年，有一回，蜀、魏兩軍於祁山對峙，諸葛亮所率領的蜀軍只有十多萬，而魏國的司馬懿，卻率有精兵三十餘萬。

兩軍即將交鋒之時，蜀軍原本就勢單力薄，偏偏在這緊急關頭，軍中又有一萬人因兵期將屆，必須退役還鄉。一下子少了許多兵力，對蜀軍來說無疑是雪上加霜。

此外，服役期滿的老兵儘管歸心似箭，但也憂心大戰將即，可能有家歸不得。兩相權衡之下，將士們向諸葛亮建議，讓老兵延長服役一個月，待大戰結束後再還鄉。

這似乎是沒辦法中最好的辦法了，但是諸葛亮卻斷然地否決道：「治國治軍必須以信爲本，老兵們已爲國鞠躬盡瘁，家中父母妻兒望眼欲穿，我怎能因爲一時的需要而失信於軍、失信於民呢？」於是下令所有服役期滿的老兵速速返鄉。

老兵們接獲消息，感動莫名，個個熱淚盈眶，想到如果自己就這麼走了，豈不是棄同袍和家國於不顧？

丞相有恩，軍民也當有義，此時正是用人之際，於是，老兵們決定上下一心，打贏最後一場戰爭再走。

老兵的拔刀相助，大大振奮了其他在役的士兵，兩軍對戰之後，大家奮勇殺敵，士氣高昂，抱著必勝的決心，在諸葛亮的領導下勢如破竹，也在這場戰爭中贏得勝利。

這場勝利，與其說諸葛亮神機妙算，不如說他以誠待人，貫徹始終，因此深得軍心，不愧一代名臣。

越在緊急的時刻，特別能看出一個人的品德。最大的考驗，往往不是來自外界，而是取決於自己；最重要的評價也不是別人怎麼說，而是如何面對自己的良心。

處困厄而不改其志的人，他的志向不會朝楚暮秦、隨風轉舵，他的成就自然也非一時一刻，而是細水長流、源源不絕。

心有靈犀，生命就會出現轉機

夢想其實伸手可及，不需遠求，只要一點靈犀，每一個生活的角落，也許都是一次生命的轉機。

日本著名的企業家飯山滋郎原本從事製造鉛筆的生意，專門生產超長或超短的鉛筆，產品設計新奇，但是市場佔有率不高，一直無法達到很好的經濟效益，令他感到十分苦惱。

一次，飯山在路上經過一家冰淇淋店時，無意中聽見老闆對顧客訴苦說：「冰淇淋要漲價是不得已的，誰教盛冰淇淋用的紙杯越來越貴，可是品質卻越來越差。」

飯山腦中靈光一閃，裝冰淇淋難道非得用紙杯不可嗎？能不能用其他材料替代呢？

由於本身從事鉛筆製造，飯山第一個想到能夠代替紙杯的物品就是木片，木片既便宜又方便，用木片來盛裝冰淇淋，不僅可以達到相同的效果，還別有一番風味。

因此，飯山利用原來用作鉛筆的原料，開始投入木片和竹籤的生產。

爲了符合消費者的喜好，飯山把產品設計成可愛的卡通圖案，以迎合兒童及年輕人的口味，此舉很快地便帶動了風潮，成爲吃冰淇淋的另一種新趨勢。這麼一項簡單的發明，使飯山賺進了好幾億日圓，也讓他谷底翻身，再創事業的高峰。

換個角度，就能讓自己幸福

生意人和平常人的不同之處，在於一般人所見的平凡事物，在生意人眼中卻處處皆是商機。

生活中有利可圖的地方，就叫做「生意」。進一步說來，生意其實盡在生活中，有的人去發掘了，有的人沒有，因此有的人成功了，有的人卻一無所獲，停留在原地打轉。

試著多留心週遭的事物吧！有些不起眼的小地方已經被人忽略許久，正等待著你去發掘！夢想其實伸手可及，不需捨近求遠，只要心中有一點靈犀，每一個生活角落的小細節，也許都是一次生命的轉機。

選對方式，才能創造附加價值

人心本來就像磁鐵一般，可以一個吸引一個，因此，要吸引更多的人，就必須站在更高的地方，登高一呼，才能萬眾雲集。

白蘭地酒爲法國所產，酒甘味醇，爲酒中之極品，歷史悠久，風靡了整個歐洲地區。

法國商人眼見白蘭地行情持續上揚，因此千方百計想進軍美國市場，好賺取更多的利潤。

爲了讓白蘭地在美國一炮而紅，法國商人致函給相關人士，說明爲了表示美法兩國深厚的友誼，法國將精心選贈兩桶六十一年歷史的白蘭地酒，作爲美

國艾森豪總統六十一歲大壽的賀禮。

法國商人並且鄭重其事地表示，這兩桶白蘭地酒是法國人民最引以爲傲的產物，法國將爲此支付鉅額的保險金，由專機送達美國，並將公開舉行隆重的贈送儀式。

這個天大的消息不斷地在媒體上曝光，引起了美國人民的矚目，認識白蘭地幾乎成了美國的「全民運動」，在美國掀起了一股風潮。

在法國商人精心行銷和媒體推波助瀾之下，這兩桶白蘭地還沒送到美國，便已經家喻戶曉、赫赫有名，令美國人民思之若渴了。

到了舉行贈送儀式的那天，華盛頓特區人滿爲患，擠得水洩不通，人人都想爭先一睹白蘭地的風采。

隔天，每家報紙的頭條都登出了好大一張艾森豪總統喝著白蘭地的照片。當然，在這場行銷戰中，最大的贏家不是總統大人，而是那些賺進了大把美金的法國商人。

「擒賊先擒王」，這樣的道理，在商場上也一樣受用。

人心本來就像磁鐵一般，可以一個吸引一個，因此，要吸引更多的人，就必須站在更高的地方，登高一呼，才能萬眾雲集。

商品的包裝與行銷是一門很重要的學問，也是廣告代言人之所以深受廠商青睞的原因。

要達到最好的宣傳效果，必須選對時機，用最佳方式呈現你的商品，消費者眼中所見的，不只是商品，而是隨之而來的附加價值，所以可以想像，總統級的商品絕對比經濟型的商品，要來得更吸引人了！

PART 5

有自信就有希望前進

沒自信就要幫自己找到自信。覺得自己比不上別人，
就應該要更努力讓自己跟上別人的腳步，
而不是消極地沉淪自憐。

能夠回甘的人生才最有味

不管是逆境還是順境，都是人生的一部分。坦然接受它，用心品嚐它，你就會發現，原來有苦味的人生才最甘甜。

一個失意的年輕人來到一座寺廟裡，十分沮喪地對禪師說：「像我這樣的人，活著也是苟且，還有什麼用處呢？」

禪師沒有多說些什麼，只是吩咐旁邊的小和尚：「這位施主遠道而來，燒一壺溫水送過來。」

不一會兒，小和尚送來了一壺溫水。禪師取一把茶葉放進杯子裡，注入溫水，放在年輕人面前說：「施主，請用茶。」

年輕人輕輕啜了一口，皺著眉，搖搖頭說：「這是什麼奇怪的茶？怎麼一點兒茶香也沒有？」

禪師笑著說：「怎麼會沒有茶香呢？這是名茶鐵觀音啊！」

接著，禪師又吩咐小和尚說：「再去燒一壺滾燙的沸水送過來。」

等到沸水送來以後，禪師照樣又拿出一個杯子，從同一個鐵罐裡抓了一把茶葉放進去，然後往杯子裡倒入了滾燙的沸水。

只見那些茶葉在杯子裡上下沉浮，一縷清香裊裊升溢出來，年輕人忍不住把鼻子湊到杯子前面，陶醉在茶葉的香氣之中。

此時，禪師問道：「施主，您可知道這兩杯茶同樣都是鐵觀音，可是爲什麼茶味卻如此迥異嗎？」

年輕人思忖著說：「因爲一杯用溫水沖，另外一杯用沸水沏。」

禪師點點頭，意有所指地說：「用水不同，茶葉的沉浮就不同。用溫水沏的茶，茶葉會輕輕地浮在水上，沒有沉浮又怎麼能散逸它的清香？用沸水沖沏的茶，茶葉在熱水中激盪著，這樣才能夠釋出它的香味啊！」

年輕人把這番道理銘記於心，之後，他勇敢面對人生的挫折，突破種種障礙，終於成為一家公司的大老闆。

換個角度，就能讓自己幸福

人生不會永遠得意，必定是有起有落。

不管是高興還是悲傷、逆境還是順境，把它當成人生的一部分吧！坦然接受它，用心品嚐它，你就會發現，原來有苦味的人生才最甘甜。

越是不順遂的時候，越應該積極樂觀地去面對。不要只是傻傻地坐在那兒等待時來運轉，要把握當下，積極開創，才能夠戰勝低潮。

失意時，燒一壺熱水，沏一杯茶，告訴自己，你就和杯子中的茶葉一樣，雖然痛苦會在瞬間發酵，但是幸福也正在慢慢地醞釀，只要嚐過微苦的茶澀，就能迎接美味的濃醇回甘。

有自信就有希望前進

沒自信就要幫自己找到自信。覺得自己比不上別人，就應該要更努力讓自己跟上別人的腳步，而不是消極地沉淪自憐。

十年前，他從一個偏僻的小鎮考進了大城市裡的第一流大學。

開學的第一天，隔壁的女同學劈頭就問他：「你從哪裡來？」他掙扎了很久，始終沒有辦法鼓起勇氣坦然面對這個問題。

他不知道該不該讓同學們知道自己來自於一個名不見經傳的鄉下小鎮，他可不想被人貼上「鄉巴佬」的標籤！

正因爲如此，整整一個學期，他都沒有在班上交到半個朋友。他的內心充滿了自卑情結，下意識與人保持距離。

無獨有偶，十年前的她，也在另外一座城市的另外一所大學讀書。

當時她青春洋溢，但臉上長滿了痘痘，樣子也不好看，體重又超乎標準，讓她感到非常自卑。

大學四年的時間裡，她沒有穿過一次短裙，因爲她覺得她的腿又粗又短，同學一定會在背地裡暗暗嘲笑她。

她也不喜歡交朋友，因爲和長得漂亮的女生做朋友，人家會把她當成「對照組」；和長得不漂亮的女生當朋友，別人又會說她們物以類聚，把她們全都歸爲「恐龍一族」。

爲此，她的青春歲月總是在自憐形傷中度過。

一直到十年後的某一天，她成了廣播節目的知名主持人，而他在企業界闖出了一番名堂，經常以優雅從容的儀態在雜誌中亮相。

在一次節目訪談的安排之下，他們兩個相遇了，進而熟識相戀。

某次約會他們聊到彼此的青春歲月，她笑著對他說：「還好當時我們不是同學，要不然我們可能永遠都不會和對方說話。你會覺得，人家是城裡的千金小姐，怎麼會看得起我？我也會認爲，人家長得這麼帥，根本不會理我。你想想看，如果眞的是這樣，那麼我們不就是很可笑的一對了嗎？」

換個角度，就能讓自己幸福

信心是能否扭轉逆境的關鍵因素，一個人擁有多少自信，就能創造多少奇蹟。遇到人生的各種逆境，如果連你都不相信自己沒有問題，那麼你當然無法突破自己的人生困境。

我們不應該爲自己的缺點感到自卑，因爲每個人都有各自的缺點。對於自己的缺點，我們當然應該要在意。唯有在意自己的缺點，才會想辦法改進自己的缺點。

然而，不管自己身上有什麼天大的缺點，都不足以構成自卑的理由。一個人長成什麼樣子、生在什麼地方，都不是自己可以選擇的，這並非任何人的錯，不需要因此感到丟臉，更不需要費心遮掩。

若是眞的覺得自己比不上別人，那就應該要更努力讓自己跟上別人的腳步，而不是消極地沉淪自憐，將自己丟進絕望的空間裡。

信心是我們內在的強大能量，當我們感到失望或自卑的時候，賜給我們選擇希望、拒絕絕望的勇氣和力量。

只要選擇希望，無論置身什麼處境，都會在絕望中看見曙光。

沒自信就要幫自己找到自信。自信是由內而外散發出來的，只要願意不斷努力地充實自己，一定可以找到屬於自己的自信泉源，然後勇敢放開腳步，朝向希望前進。

別被別人的目光打垮希望

別人的眼光不能殺死人，但是卻足以抹煞掉自己的信心與勇氣，因此，不應該經由別人的眼光來評價自己。

有個男孩生性怯懦，同伴們經常嘲笑他是膽小鬼。男孩對此感到很傷心，但是用盡了方法，都沒有辦法讓自己成爲一個大膽的人。

這種情況一直持續到他去當兵。

他原以爲嚴苛的軍旅生活會改變自己怯懦的個性，沒想到江山易改，本性難移，沒過多久，男孩再度淪爲大家戲謔嘲諷的對象，同袍們都當著他的面嘲笑他「娘娘腔」，令男孩感到欲哭無淚。

一天，教官要求新兵們進行投擲訓練。講解的過程中，教官突然把一枚手榴彈朝著新兵擲去，使得新兵們個個大驚失色，連滾帶爬地四處逃竄。

教官這才鐵青著臉，教訓他們說：「看清楚，這只是一枚不會爆炸的教練彈！我這樣做只是想要測驗你們遇到突發事件時，是否能保持鎮定和勇敢，這對一名軍人來說這是最重要的！」

那個膽小的男孩因爲被派去做別的任務，所以僥倖逃過一劫。然而，當他第二天出現在操場上時，卻成了唯一不知道眞相的人。

不久之後，教官故技重施，將手榴彈再次對著新兵們擲去。衆人都掩嘴竊笑，期待著好戲上場。

和前一天的他們一樣，男孩以爲這枚手榴彈會在瞬間爆炸。可是不同的是，這個男孩並沒有四處逃竄，相反地，他奮不顧身地撲了上去，把手榴彈壓在身下，並且急切地吼道：「快，大家快閃開！」

所有人看了，都驚訝得做不出任何反應，誰也沒有想到，男孩竟然企圖犧牲自己保護大家。

待男孩知道眞相之後，緩緩地從地上爬起來，害羞地低著頭，等待同伴們再一次奚落。只是，出乎他的意料之外，迎接他的不是嘲弄的噓聲，而是大家無比崇敬的熱烈掌聲。

換個角度，就能讓自己幸福

人生中，各式各樣的痛苦是難以避免的，但也就是由於點點滴滴茫然與迷途的累積，人才能從中找到方向，編織屬於自己的幸福之舞。

別人認爲你是哪一種人，並不是那麼要緊，重要的是你認爲自己是哪一種人，是否擁有高貴的心靈品質，是否有面對別人眼光的勇氣。

一個人最大的悲哀就是活在別人的目光之中而失去自我。

如果你覺得膽怯，或許是因爲你以爲別人都在盯著你看。只要不去在意別人的眼光，不管在別人眼中的你會是什麼樣子，自然而然就可以表現出最眞誠勇敢的那一面。

因爲忘我，所以勇敢。

別人的眼光不能殺死人，但是卻足以抹煞掉自己的信心與勇氣，因此，我們不應該經由別人的眼光來評價自己。

如果那是你眞心想要做的事，就不要害怕可能會面臨被人嘲笑、侮辱的後果，勇敢地去嘗試吧！

別人嘲弄你是他自己沒有修養，但若是因爲害怕被人嘲笑而先行放棄，不敢再抱希望，就是你自己沒有面對的勇氣。

自信過頭，不可能出頭

永遠不要以為自己已經站上了世界的頂端。學歷非常重要，從名校畢業也值得榮耀，但這並不表示你最厲害！

據說，美國耶魯大學三百週年校慶的那一天，全球第二大軟體公司「甲骨文」的行政總裁，同時也是世界排名第四的富豪艾里森應邀參加典禮。艾里森對著全耶魯的師生發表了一番驚世駭俗的言論。

他說：「每個從哈佛大學、耶魯大學等名校畢業的老師和學生都自以爲是成功者，其實，你們全都是失敗者！」台下的聽眾個個聽得目瞪口呆，艾里森繼續說道：「哈佛的學生們以曾與像比爾．蓋茲這麼優秀的學生同校就讀爲榮，但是，比爾．蓋茲卻不以在哈佛讀過書爲榮。」

「不僅如此，世界第二富豪保爾．艾倫，根本就沒上過大學；世界第四富豪，就是我本人，曾經被耶魯大學開除；世界第八富豪戴爾，只讀過一年大學；微軟公司的總裁斯蒂夫．鮑爾默和比爾．蓋茲是大學同學，但是他在財富排行榜上卻排在十名之外，爲什麼他的成就不如他的同學呢？那是因爲他是在讀完大學，當了一年研究生之後才戀戀不捨地退學的……」

接著，艾里森話鋒一轉，「安慰」那些自尊心因爲他的話而受到傷害的高材生們：「在座的各位，你們也不需要太難過，你們的未來依然還是一片光明。其實，你們已經比許多人都還要好太多了，至少你們經過這麼多年的努力學習之後，總算打敗了其他對手，贏得了爲我們這些人——退學者、未讀大學者、被開除者工作的機會。」

艾里森的話固然以偏概全，但是也提醒了我們：永遠不要以爲自己已經站上了世界的頂端。

沒錯，學歷非常重要，從名校畢業也値得引以爲榮耀，但這並不表示擁有出色背景的你最最厲害！

網路上流傳著一則笑話：「大學生是黃蓉，碩士是李莫愁，博士是滅絕師太，有兩個博士以上的更可怕，是東方不敗！」

意思是學問越高，越是讓人難以親近。高處不勝寒，高學歷對某些人來說是光環，對另外一些人而言卻可能是障礙。

如果你總是陶醉在身分的虛榮感當中，沉迷於顯赫的背景之下，總是覺得自己比其他人都好，那麼在別人眼中，你可能只是一個不知天高地厚的自大狂，不管擁有多少才能也不見得會被別人欣賞，相反地，別人反而還會巴不得看見你輸得一敗塗地。

俄國諷刺作家克雷洛夫曾說：「那些喜歡在別人面前誇耀自己偉大的人，毫無疑問的，必定是個蠢人。」

這個世界充滿了無限的可能性，隨時都有人能超越你。眞正聰明的人會選擇充希望的人生，不會讓自己走向高傲自滿的絕路。

一個人擁有的能力越高，人格也應該要相對提高。不認爲自己最高明的人，才眞正高明！

保重自己，才能讓父母放心

孝順，就從「不讓父母擔心」做起。對大部分的父母來說，最大的快樂不是孩子對他好，而是孩子自己過得好。

一個年輕人在父親病逝之後，爲了清償家裡欠下的大筆債務，離開家鄉，到城裡的一間汽車修理廠工作。

帶他的師傅姓高，年約五十多歲，笑容十分和藹，只是，他有兩個很特別的嗜好。一是沒事就喜歡用指甲刀銼指甲，二是專門搶著替別人洗衣服。

第一個月領到薪水，年輕人想要寫一封信附在薪水袋裡寄給母親。

他隨手找了一張包裝紙，在紙上寫道：

親愛的母親：

我在這裡一切安好，工作很輕鬆，老闆對我也很好……

此時，高師傅不知道從哪兒冒出來，拍了拍他的肩膀說：「你在這兒的工作明明一點兒都不輕鬆，爲什麼還要騙你的家人呢？」

說完，高師傅拉了張椅子坐下來，緩緩地說：「我很小就沒有父親，我二十歲那年，母親出了車禍導致下半身癱瘓。爲了籌措醫藥費，我來到這家修車廠幹活。第一次領到薪水的那天，我買了好多我母親喜歡吃的食物帶回家。我一邊和她聊天一邊削蘋果，等我把削好的蘋果遞給她時，她說：『你說實話，你做的是什麼工作？是不是很辛苦啊？』我故作輕鬆地笑著說：『辛苦什麼？我坐在辦公室裡工作，不知道多輕鬆呢！』母親聽了，拉住我的手，生氣地說：『你說謊，你的手這麼黑，指甲縫裡全是黑黑的油，你做的工作肯定又髒又辛苦，你不要騙我了，也不要再賺錢給我治病了，去找一份輕鬆一點的工作，讓自己過得快樂一點吧！』」

「那時候，我才知道母親對子女的愛原來連那麼小的地方都不放過。當時我立刻對母親說，我決定辭去現在的工作。其實第二天，我還是來這裡幹活，只是下班以後回家之前，我都會先銼平自己的指甲，然後把同事的工作服洗了以後才回家，因爲洗過衣服的手是最白、最乾淨的。一直到我母親過世之前，她都還眞的以爲我是在辦公室裡工作呢！」

說完，高師傅從他的櫃子裡拿出一張潔白的信紙交給年輕人：「你認爲你用這麼髒的紙寫信，能讓你的母親相信你在很好的環境裡工作嗎？記著，做戲就要做全套。千萬別小看媽媽的眼力，也別小看媽媽的愛心啊！」

換個角度，就能讓自己幸福

據說，要打倒一個女人不難，但要騙過一個母親，需要經過鉅細靡遺的精密佈局才有可能成功。不是因爲每個母親都生性精明，而是母親對孩子的關心，遠超過一般人想像的程度。

每個母親都能一眼就看出自己的孩子是胖了還是瘦了，是黑了還是白了，但是卻有很多子女連自己的父母生病了都不知道！

「養兒防老」的觀念已經被現代人打破。現在的父母其實對孩子的要求都很低。「只要你照顧好自己」、「只要你有空記得回家探望我這個生病的老人」，甚至有些父母親，只要求孩子活得快樂就好。

相對於父母的無私奉獻，做子女的也應該有所回饋。孝順，就從「不讓父母擔心」做起。

對大部分的父母來說，最大的快樂不是孩子對他好，而是孩子自己過得好。雖然說世上只有媽媽好，但是所有的媽媽，都只要自己的孩子過得好，唯有孩子好，才是父母人生最大的希望。

有心，父母最開心

父母真正希望從子女得到的東西其實很少，正是因為太少，所以很多人常常都忽略了而不去做。

這是一個已婚的朋友告訴我的故事：

出了社會以後，每天忙碌於工作，我一個人住在外面，很少回到家裡。結婚以後，和老公過著兩人世界，就算一兩個月沒有和自己的家人見面，我也不會感到寂寞。

一直到孩子出生以後，我把小孩送到母親那兒讓她替我照顧，回家的次數才逐漸多了起來。

現在，我的小孩已經三歲了，她和我的媽媽祖孫倆感情好得不得了。我經常和母親抱怨說她愛我的孩子勝過於愛我。

前幾天晚上，我和我的孩子一起在母親家過夜。難得能夠同時和媽媽、外婆睡在同一個房間裡，寶寶開心地玩到很晚才肯乖乖睡覺。

當時的氣溫只有十幾度，等到大家都躲進暖呼呼的被窩裡準備睡覺時，寶寶卻突然對我說：「媽媽，我要喝水。」

被窩外的空氣很冰冷，我又已經覺得很睏了，實在不想起來。我哄她說：「已經要睡覺了，明天起床再喝吧。」

我的話還沒說完，母親已經起來披了衣服，準備下床。她對我說：「怎麼可以讓寶寶口渴到明天早上呢？我還是去倒點水給她喝好了！」

等到母親從廚房回來時，手裡多了兩杯水。一杯給寶寶，一杯給我。同時，還遞給我一顆藥丸：「妳的聲音聽起來有點鼻塞，可能是快感冒了，快吃顆感冒藥再睡，明天起來就好了。」

我從母親手裡接過藥時，碰到母親凍得冰涼的手，這才知道，雖然我已經長大了，可是，她從來沒有省去對我的愛。儘管現在該是輪到我來照顧她，但是我卻永遠都是她心目中的寶貝。

換個角度，就能讓自己幸福

你目前是否身爲三明治中間的那一層，經常夾在上一代和下一代之間？如果只養得起其中的一代，你會選擇養小孩，還是養父母？

大多數人都會選擇養小孩，因爲小孩才是自己未來的希望。

然而，我有一個朋友卻不這麼認爲，他說：「當然是要養父母啦！因爲不管父母親從前再怎麼苦，他們也從來沒有讓自己的子女餓過一餐飯，現在情況倒過來，我們當然也不能讓他們餓肚子！」

沒錯，養兒育女，是施恩；孝順父母，卻是報恩。對子女好，對父母要更好。因爲養兒方知父母恩，及時報恩才不會子欲養而親不待。

莎士比亞在《仲夏夜之夢》中曾經如此寫道：「誠摯而樸實所表達的情感，

永遠是最豐富動人的。」

關愛自己兒女的同時，也要記得時時對父母付出誠摯的關懷。

如果你沒有能力奉養父母，那麼你更應該要盡力去關心他們。

父母眞正希望從子女得到的東西其實很少，正是因爲太少，所以很多人常常都忽略了而不去做。

其實，不需要給父母多大的物質享受，只要孝順父母，父母便會開心，便能感覺到人生無窮的希望。

用鼓勵點燃對生命的希望

母親的每一句話都會烙印在孩子的心上，所以應該要用愛心編織出一段至理名言，照亮孩子的一生。

有一名博士在畢業典禮當天，代表畢業生上台致詞，他在致詞過程中講了這樣一個故事：

有個孩子想了好久，但有個問題怎麼也想不通，他不懂爲什麼坐在他隔壁的同學想考第一名，就眞的考了第一名，而他自己也很想得到第一名，但是不管多麼努力，卻只考了全班第二十一名。

回到家裡以後，他沮喪地問媽媽：「爲什麼我和別人一樣認眞做功課，上課也一樣專心聽講，但是成績就是不如別人呢？難道我比別人笨嗎？」

媽媽看著兒子，久久說不出話來。

她眞想告訴兒子實話，讓他知道每個人的智力不同，考第一名的人，天生就是比別人聰明！

她也想自欺欺人地對孩子說：「那是因爲你太貪玩的關係，只要你再努力一點，一定可以考得跟別人一樣好。」

然而，她終究還是沒有這麼做，她不願意傷孩子的自尊心，也不希望給孩子太大的壓力。

最後，母親找了一個假日，帶著兒子到海邊去，兩個人坐在沙灘上，母親用手指著在天空中盤旋的鳥兒，對兒子說：「你看那些在海邊爭奪食物的鳥兒，當海浪拍打過來的時候，那些小麻雀總是能夠迅速地飛起，牠們的動作非常靈活，拍個兩下翅膀就飛上了天空。跟麻雀比起來，海鷗顯得多麼笨拙啊！牠們必須要花上比小麻雀多好幾倍的時間，才能順利地飛上藍天。然而，眞正能飛越大海的，依舊還是牠們啊！」

兒子把母親這段用愛心編織而成的話牢牢記在心上，雖然他不是聰明的麻雀，但是他可以是堅毅不拔的海鷗。

就這樣，他的成績雖然一點兒也不出色，可是他還是咬著牙努力地讀書，一路唸到研究所，取得了比許多人都還要高的博士學位。

換個角度，就能讓自己幸福

每個成功男人的背後都一定有一個偉大的女人，那個女人往往不是別人，而是男人的母親。

故事中這名母親對孩子的教育值得讚賞，她知道孩子只考了第二十一名，卻從來沒有叫他要向考第一名的人看齊，反倒是當孩子質疑自己的能力時，她不僅顧全了孩子的自尊心，還想了一個方法，教會孩子「努力比天分更重要」的道理。

這個母親知道，她的一言一行，她的每一句話，都會烙印在孩子的心上，變成一盞明燈，或是一道陰影。所以她不但謹言愼行，而且還絞盡腦汁，用愛心編織出一段至理名言，照亮孩子的一生。

如果你也有一個這樣子的媽媽，那麼你非常幸運。如果你沒有一個這樣子的媽媽，那麼你可以努力成爲一個這樣子的家長。

更重要的是，應該要以如此正確的態度，對待天底下每一個孩子，使孩子對生命總是充滿希望，不曾感受過絕望。

貼心，能帶來幸福的溫馨

父母親唯一想要的是一份體貼和溫暖。越是細瑣的小事，就越能深入人心；越是被人忽略的地方，越是我們表現的時候。

有一次，小林來到一個老先生家裡小坐。聊天聊到一半時，客廳裡的電話突然響了起來，可是，才響了三聲，電話就斷了。

沒隔幾分鐘，電話又再次響了起來，這一次，年邁的老先生慢慢走到電話旁，總算順利地把電話接起來。待老先生講完電話以後，才對眾人解釋說：「是我兒子從美國打來的。」

「喔？兩次都是他打的嗎？」在場的其中一個人問，「怎麼這麼沒耐性啊！只響三聲就掛斷了！」

「不，不是他沒耐性，而是我們的約定，」只見老先生笑盈盈地說：「我們兩夫妻都是急性子的人，每次聽到電話響，都會迫不及待地跑去接，怕錯過兒子的電話。有一次，孩子的媽爲了接電話而太過急忙，不小心跌了一跤扭傷了腳，兒子知道以後，就規定我們以後接電話不准用跑的，他會先響三聲，讓我們知道是他打來的，然後我們可以從從容容地走到電話旁邊，等待電話再次響起……」

老先生的臉上洋溢著滿足，讓人不禁感受到原來所謂的「孝順」，只是這麼簡單的一份小小體貼；原來只要一份小小的體貼，就能夠帶給父母大大的滿足。我們又有什麼理由不讓父母享受如此簡單的幸福呢？

換個角度，就能讓自己幸福

很多人以爲，孝順父母等同於讓父母住大房子、過好日子，所以總是想要等到自己功成名就以後再來報答親恩。

然而，絕大多數的父母，要的都是不是這些。他們知道孩子賺錢辛苦，根本不奢求孩子給他們什麼物質上的享受。他們知道孩子工作繁忙，所以他們甚至要孩子有時間多休息，不用陪他們。孩子剩下唯一能做的，也是父母親唯一想要的，就正是一份體貼和溫暖而已。

越是細瑣的小事，就越能深入人的心裡；越是被人忽略的地方，越是我們表現貼心的時候。

多撥一通電話，多給父母一點時間這類小事，不是用錢可以買到的，非得要有心人，才能想得到、做得到，也非得要這份無私無我的「天下父母心」，才感受得到。

當人擁有這份貼心，對人生又怎會感到絕望呢？

用時間證明心意

當你不確定對方是否真的愛你的時候，記得給他多一點時間，讓他去證明他是良人，還是狼人。

有一個幼稚園老師告訴小朋友這個故事：

在一個不知名的小島上，住著快樂、悲哀、知識和愛，還有其他各種情感的精靈。一天，情感精靈們接獲消息，知道這座小島快要沉到海底去了，所以大家都紛紛準備船隻打算要離開小島。只有愛的精靈留了下來，因爲，她想要和這座小島一起堅持到最後一刻。

沒過多久，小島眞的要沉入海底了，愛的精靈這時才感到害怕，著急地想要請人幫忙。

這時，富裕之神乘著一艘大船經過。

愛的精靈說：「富裕之神，請問你能帶我走嗎？」

富裕之神搖了搖頭，很不客氣地說：「不行，我船上裝滿了金銀財寶，哪有位置容得下你呢？」

不久之後，虛榮之神乘著一艘華麗的小船經過，愛的精靈再度祈求他說：「虛榮之神，請你幫幫我吧！」

「不行，你看你全身都濕透了，可是會弄髒我這艘漂亮的船呢！」

悲哀之神過來了，愛的精靈拜託他：「請你讓我跟你走吧！」

只見悲哀之神苦著一張臉回答：「喔，不行……雖然我很想幫你，可是我實在太悲哀了，所以我想自己一個人靜一靜。」

接著，快樂之神經過愛的精靈身邊，可是因為他一直沉浸在自己的快樂之中，竟然沒有聽見愛的精靈的叫喚！

就在愛的精靈感到萬分絕望時，突然，一個聲音傳來，對他說：「來吧！

我帶你走。」

救他的這個人看起來有點年紀。愛的精靈喜出望外，一時之間竟然忘了問對方的名字。等到他平安地登上陸地以後，那位救星早已消失不見。

愛的精靈心裡充滿了感謝，問知識精靈：「剛才幫我的那個人是誰？」

知識精靈笑著回答：「是時間之神。」

「喔？時間之神？」愛的精靈不解，疑惑地問道，「我並不認識他，他爲什麼要幫我呢？」

知識精靈微笑著說：「那是因爲，只有時間才能理解愛有多麼偉大。」

換個角度，就能讓自己幸福

很多人都會問：「我要怎麼判定那個人究竟有多愛我呢？」

事實上，鮮花、鑽石、巧克力都沒有辦法證明愛的深淺，唯一能夠見證愛情的，只有時間。

對一個人好，維持一天很容易；對一個人好，持續一個月也不是太困難；對一個人好一年，很多人都做得到。但是如果要對一個人好十年、二十年……甚至一輩子，有多少人相信自己做得到？

只有時間才能放大愛情的格局；只有經歷過時間的考驗，才能粹煉出愛的眞誠。所以，當你愛一個人的時候，記得要多給他一些時間，不要太快感到絕望，才能擁抱更多希望。

當你不確定對方是否眞的愛你的時候，也要記得給他多一點時間，讓他去證明他是良人，還是狼人。

PART 6

理直不一定要氣壯

人與人之間的爭吵、欺詐、鬥爭、迫害，

都只是浪費精神又沒有意義的事情，

與其據理力爭，不如自己先退後一步，

使別人知難而退，自然也就平息了這場糾紛。

人生就像在海灘上堆沙堡

別忘了，可貴的東西都是不容易獲得的，也許堅持下去不一定會有什麼收穫，但是如果不堅持，就肯定連一點收穫也沒有。

美國著名作家海明威的文學作品享譽全球，是個不可多得的文學奇才，但是，他的寫作之路並不平順，一路上經歷了重重關卡，不是一般人所能想像得到的。

海明威生長在一個醫生世家，十四歲那年，他在一場拳擊練習中被對手擊傷左眼，從此以後，這隻眼睛的視力就再也沒有恢復了。

海明威失去了一隻眼睛，卻沒有因此而失去生存的勇氣，第一次世界大戰時，他自告奮勇，加入了美國紅十字戰地服務隊，前往義大利戰區，但在一次意外中，海明威被炸成了重傷，經過十三次手術之後，他的身體從此多了一塊金屬製的膝蓋骨，以及許多無法取出來的小彈片。

這些意外反而豐富了他的人生，回到美國之後，海明威開始埋首於寫作，然而噩運卻依然纏著他不放第一年，他所完成的十二篇短篇小說，全都遭到了退回的命運。

他的母親受不了兒子的一事無成，於是對他下了最後通牒：「如果再不好好找一份固定工作的話，那就搬出去吧！」

就這樣，海明威離開了家裡，但他仍然一心一意勤奮地寫作，三年中，他完成了一部長篇小說、十八個短篇小說和三十首詩。

海明威小心翼翼地把作品收藏在手提箱中，誰知道，手提箱卻被他粗心大意的妻子遺失在火車站了，海明威只好重新開始。

經過了這種種打擊，海明威始終堅持自己的理想，努力不懈，終於在一九二六年，他的作品《太陽照樣升起》受到了世人的矚目，一個諾貝爾文學獎得主也從此誕生。

換個角度，就能讓自己幸福

人生，其實就像在海灘上堆沙堡。最常出現的狀況是，海浪一衝過來，辛辛苦苦所建築的沙堡便立刻被沖毀，只能從頭來過。

一次又一次，再怎麼努力堆成的沙堡，也敵不過無情海浪的沖刷，你不禁懊惱地懷疑，這樣繼續下去究竟還有什麼意義？

可是，別忘了，可貴的東西都是不容易獲得的，也許堅持下去不一定會有什麼收穫，但是如果不堅持，就肯定連一點收穫也沒有。

學學海明威鍥而不捨的精神吧！都已經付出這麼多了，說不定只差最後一步，就能完成奮鬥已久的理想，你捨得就這麼白白放棄嗎？

隨時保持「不滿」

「學無止境」，生有涯而知無涯，學習是沒有盡頭的，除非是你自己侷限自己。人外有人，天外有天，巔峰之上，還可以再創巔峰。

一名徒弟跟著一位名師學習技藝，學了幾年之後，徒弟覺得自己的技術已經達到爐火純青的地步，足以自立門戶，沒什麼可學的了，因此收拾好行囊，準備和大師辭別。

大師得知了他的情況之後，鄭重問道：「你確定你已經學成了，不需要更上一層了嗎？」

徒弟指了指自己的腦袋說：「我這裡已經裝滿了，再也裝不下了。」

「喔，是嗎？」大師隨即拿出一只大碗放在桌上，命徒弟把這只碗裝滿石頭。直到石頭在碗中層層堆疊出一座小山後，大師問徒弟：「你覺得這只碗裝滿了嗎？」

「滿了。」徒弟很快地回答。

大師於是從屋外抓起一把沙子，倒入石頭的細縫裡，然後再問一次：「那麼現在呢？滿了嗎？」

徒弟考慮了一會兒，恭恭敬敬地回答道：「滿了。」

大師再取了案頭上的香灰，倒入那看似再也裝不下的碗中，看了看徒弟，然後輕聲問：「你覺得它眞的滿了嗎？」

「眞的滿了。」徒弟回答道。

大師沒有再多說什麼，只拿起了桌上的茶壺，慢慢地把茶水倒入碗中，而水竟然一滴也沒有溢出來。徒弟看到這裡，總算明白了師父的用心良苦，趕緊跪地認錯，誠心誠意地請求大師再次收自己爲徒。

「學無止境」，生有涯而知無涯，學習是沒有盡頭的，除非是你志得意滿，自己侷限自己。

義大利藝術大師達芬奇說：「微少的知識使人驕傲，豐富的知識則使人謙虛，所以空心的禾穗高傲地舉投向天，而充實的禾穗則低頭向著大地，向著它們的母親。」

到了越高境界，越會感受到自己的不足，因此，把握你生命的每分每秒，好好來彌補這些不足，趁著年輕多多學習。

人外有人，天外有天，巔峰之上，還可以再創巔峰。

埋頭苦幹，倒不如靜心思考

我們不也常常如此嗎？賺錢是為了生活，抑或生活是為了賺錢？孰輕孰重，孰為本孰為末，影響的，或許正是我們的人生成功與否。

一位知名的物理學教授睡到半夜醒來，發現他的實驗室裡燈火通明，以為有小偷光顧，連忙趕過去一探究竟。

豈知開門一看，虛驚一場，在實驗室中的是他門下的一名學生，徹夜不眠地在實驗台前忙碌著。

教授關心地問：「你這麼晚還沒休息，在忙些什麼呢？」

學生不曾停下手邊的工作，只隨口回答了一句：「我正在做實驗啊！」

「你現在做實驗，那麼白天在做些什麼呢？」

「我白天也都在做實驗啊。」

「你的意思是說，你花了一整天的時間不眠不休，都只為了做實驗？」教授繼續追問。

學生滿心歡喜，以為自己表現出如此好學的態度，一定能獲得老師的讚賞，因此故作謙虛地回答說：「是的，老師，我希望能夠盡我所能，多學會一點東西。」

教授稍微停頓了一下，然後說：「勤學固然很好，只是我十分好奇，你把所有的時間都花在作實驗上，那麼你用什麼時間來思考呢？」

換個角度，就能讓自己幸福

埋頭苦幹、積極投入的態度固然是好的，然而一味鑽營、意欲求快的心態卻是不對的；求好心切，投入工作是好的，不懂得如何拿捏，盲目透支精力卻是不必要的。

故事中，那位自以爲好學不倦的學生，用了所有的心力在實驗上，忽略了思考才是學習的根本，實驗的目的只是幫助思考而已，本末倒置的結果，當然學無所成。

我們不也常常陷入這種矛盾嗎？賺錢是爲了生活，抑或生活是爲了賺錢？孰輕孰重，孰爲本孰爲末，如果分不清楚，影響所及的，或許正是我們的人生成功與否。

不要做別人的影子

並不是追隨別人的路程，就可以採擷到相同的果實，因為沿途最好的果實，早就被別人捷足先登了，你得到的，不過是泡沫而已。

著名的喜劇大師卓別林，剛踏入影壇時，演技還很生澀，很多電影導演都建議他去模仿當時德國的一位名演員，認爲如果可以學到他的五成功力，在演藝圈立足就已經綽綽有餘了。

但是，卓別林不願意接受這些意見。他生性好強，覺得自己深具演員的天賦，只要有機會多加磨練，一定可以闖出一番名堂。

他對那些導演說，如果刻意去模仿別人，那就失去了演戲的樂趣，少了樂趣，又怎麼能激勵自己進步？

因此，卓別林決定創新自己的表演風格，不盲目跟從別人已經做過的事，而努力從生活的各個角落取材，然後以誇張的肢體動作、扭曲的面部表情創造出喜感。

更難得的是，卓別林把許多複雜的小動作結合在一起，使這些動作首尾相連，一氣呵成，從中衍生出無窮的喜感，深受觀眾與導演的喜愛。

卓別林始終堅持自己的想法，從自己的腦袋裡迸出許多新點子，而不去模仿現成的表演。

他覺得如果只是模仿別人，就算做得再好，也不過是別人的影子，不但沒有自我，也無法創造出一塊屬於自己的金字招牌。

他知道，想要留下響亮的名聲，就必須創造出一套別人無法取代的風格。運氣也許有好有壞，道理卻是永遠相同的，只有走在最前頭，才是最有機會成功的人。

我們時常羨慕別人長得美、穿著有品味，或者談吐高雅不俗氣，因此一味地想要模仿別人，希望自己能夠變成另外一個他。

如此地精心打扮、刻意模仿，就算你眞的成了另外一個他，但是你自己到哪裡去了呢？

演藝圈正是一個最好的寫造，能夠在裡頭闖出一番名堂的人，每一個都有自己的特色，抄襲別人或模仿別人的後果，會受到最嚴厲的輿論攻擊，那是奇恥大辱，人人得而討伐之。

並不是追隨別人的路程，就可以採擷到相同的果實。因爲，沿途最好的果實，早就被別人捷足先登了，跟著別人屁股走，你所得到的，即使一時成功了，也不過是泡沫而已。別忘了，這是你的生命，你有權利選擇，站在你自己的鎂光燈下，不做別人的影子。

理直不一定要氣壯

人與人之間的爭吵、欺詐、鬥爭、迫害，都只是浪費精神又沒有意義的事情，與其據理力爭，不如自己先退後一步，使別人知難而退，自然也就平息了這場糾紛。

美國總統羅斯福還沒成功之前，就已經是一個心胸開朗、正直磊落的人，深獲親友敬重。

一次，羅斯福的手錶不翼而飛，四處尋找，發現是鄰居偷了他的錶。證據確鑿之後，所有人都等著看好戲，看看那名鄰居會得到什麼樣的下場。但是羅斯福卻一直毫無動靜，既沒有找那位鄰居討回他的手錶，也沒有再追究這件事，整件偷竊案就這麼不了了之。

後來，鄰居之中有一名好事之徒實在忍不住了，好奇地詢問羅斯福，爲什麼不把這件事情查個水落石出，弄個清楚明白呢？

羅斯福回答他說：「如果我去找他理論，或許可以把手錶要回來，但是大家以後見了面卻會十分尷尬，對我來說也得不到什麼好處。我相信只要我做得很好，別人就不會再找我麻煩，大家可以和樂的相處，那麼損失一只手錶，又有什麼關係呢？」

羅斯福一直以和平融洽爲生活宗旨，並從小地方做起，培養自己坦然開闊的心胸，無論遭遇到任何困難也不會輕易地屈服。

他這樣的胸襟長存於每位美國人民的心目中，流芳百世，寬宏大量的氣度至今仍令人感念不已。

換個角度，就能讓自己幸福

人們常爲了一些雞毛蒜皮的小事爭執不休，徒然浪費許多有限的生命而一無所獲。

世界上沒有任何一件事比「和平」還要來得可貴，人與人之間的爭吵、欺詐、鬥爭、迫害，都只是浪費精神又沒有意義的事情，與其據理力爭，不如自己先退後一步，使別人知難而退，自然也就平息了這場糾紛。

羅斯福最了不起的地方，是他達到了自省的境地，沒有怪罪別人，而是先檢討自己，認爲只要做好自己的本分，就不會有人再來挑釁。

理直不一定要氣壯，得饒人處且饒人，太過執著於是非對錯，只會使冤冤相報何時了，其實理直也可以氣和，你說不是嗎？

如何把「不可能」變成「可能」

心境，可以影響一個人的表現，進而主宰他的命運。那些能夠成功的人，就是在他的同伴還在直呼「不可能」，或是安逸地呼呼大睡時，夜以繼日、努力向上爬的結果。

一個農夫在野外撿到一顆老鷹的蛋，沒有多加留意，便隨手把這顆老鷹蛋放進雞籠裡。沒多久，這顆老鷹蛋和其他的雞蛋一起孵化了，和小雞們成群結隊的生活在一起。

沒有一隻雞察覺到牠們當中有一名外來者，而這隻小老鷹也認爲自己和其他的小雞無異，興奮時便拍動翅膀低飛，肚子餓時也和其他的雞一樣，等待著主人餵食穀粒。就這樣，老鷹和小雞漸漸長大了，彼此的樣貌雖然有所不同，行爲舉止卻毫無差異。

有一天，這隻老鷹仰望空中，看見一隻牠從來沒見過的大鳥在萬里藍天中盤旋飛翔，姿態優美動人，時而高飛直上，時而俯衝疾馳，稱得上是「天空之王」。那股傲然挺立的英氣，讓地面的這隻老鷹看得目不轉睛。

一隻年紀較長的公雞，看到牠流露出渴望的眼神，十分不以爲然，冷冷地對牠說：「你眞是少見多怪的鄉巴佬，那是老鷹，是世界上最厲害的鳥。」

「哇！那要怎麼樣才可以飛得和牠一樣高呢？」

這隻公雞「噗嗤」一聲笑了出來，牠說：「少做夢了，我們不過是雞，怎麼可能和老鷹一樣呢？」

因此，這隻和雞一起長大的老鷹，始終都只能仰望抬頭，羨慕老鷹空中展翅的英姿。終其一生，牠都相信自己只不過是一隻雞。

換個角度，就能讓自己幸福

左右一個人生命寬度與深度的，通常是他的信念。

如果你認為自己是一隻雞，那麼你就真的只是一隻雞了；相反的，相信自己是一隻老鷹，你就有可能真的擁有如老鷹一般的本領。

一個人的心境，可以影響一個人的表現，進而主宰他的命運。那些能夠成功的人，就是在於他們相信自己就是命運的主宰，當他的同伴還在直呼「不可能」，或是安逸的呼呼大睡時，夜以繼日、努力向上爬的結果。

不試試看，你又怎麼能確定自己到底是一隻雞，還是一隻正長著羽毛、展翅待飛的老鷹呢？人生有太多的可能，廣闊浩瀚的未來、無可限量的前途，都只能靠你自己來掌握。

英國作家赫伯特曾說：「人不論志氣大小，只要能盡力而為，矢志不渝，就一定能夠如願以償。」

記住，只有相信自己飛得高，你才能飛得更高。

不要跟著別人的屁股走

一輩子跟著別人的屁股走，當然也就只能得到別人剩餘的利益，永無出頭的一日。既然每個人的條件不同、能力不同，那麼就更應該掌握自己的方向，開創自己的道路。

名峰原本經營一家小小的唱片公司，專門翻唱一些過時的流行歌曲，然後以較低的價格在市場上拋售。這門生意雖然有利可圖，卻始終沒有大展拳腳的機會。名峰辛辛苦苦努力了十年，依然無法獲得應有的報酬，於是他決心不再跟著流行走。

他開始研究國內外的市場，發現歐美國家有一些博物館，保存著許多中古世紀，用風琴演奏的音樂作品。這類的音樂帶有濃濃的懷舊氣息，絕大部分與宗教藝術相關，風格獨特，潛力十足。

名峰相當欣賞這類型的音樂，因此集中全力投資，把這些稀有的樂曲製作成一張張精美的專輯。

爲了省下成本，他不做宣傳也不搞噱頭，一切只等行家來評鑑。

名峰相信只要是好的音樂，就一定能引起人們的共鳴，把重心擺在音樂本身的品質上，果然一推出市場，就得到了不少消費者的青睞。

這些消費者多半都是熱愛音樂的知識份子，深受這些來自中古世紀的琴聲吸引。因此，名峰乘勝追擊，搜尋更多不朽的樂曲，使這些被人遺忘許久的旋律重，新找到屬於自己的天地。這樣的音樂雖然不是主流，卻富有濃厚的文藝價值，而且在盜版的侵襲浪潮中僥倖逃過一劫，名峰因此賺進了上百萬的收益，目前業務仍持續擴大中。

名峰苦心鑽研，又有過人的眼光，因此找到了一個成功的撇步，就是「不追隨別人的腳步，走自己的路」。

如果只是一輩子跟著別人的屁股走，當然也就只能得到別人剩餘的利益，永無出頭的一日。

既然每個人的條件不同、能力不同，那麼就更應該掌握自己的方向，開創自己的道路。這條路也許很狹窄，沒有其他大路來得寬闊平坦，沿路也沒有豐盈鮮美的花果，只有滿途蜿蜒坎坷的荊棘，但只要堅持下去，那就是一條完全屬於你的路。

就算路途漫長而不平順，但是盡頭卻海闊天空，那兒如詩如畫的美麗景色，將會是世上最動人的一角，只有你一個人能夠看見。

「自信」是獲得別人幫助的籌碼

松下幸之助不只腦筋動得快，還以誠懇實在的態度取得別人的幫助，把對自己的信心傳染給別人，讓別人也感受到這股力量，因此得到了成功。

松下幸之助是揚名全球的「電器大王」，堪稱是創業的最佳典範，然而他的事業也曾經歷過一番風雨，靠著努力不懈的毅力與奮鬥，才能化險爲夷、轉危爲安，得到今日如此輝煌的成果。

松下幸之助原本在大阪電燈公司工作，離職創建松下電器公司的初期，卻遇上了日本的金融危機，連帶影響整個市場的繁盛。

松下幸之助知道自己正處於危急存亡之秋，經過仔細推敲之後，決定耗費鉅資，撥出一萬個電燈泡作爲宣傳之用。

但是，空有燈泡沒有電源，還是起不了什麼作用，而且一萬個燈泡就需要一萬個乾電池，這可是一筆非常大的數字。於是，松下幸之助親自去拜訪岡田電池公司的負責人，誠懇地向他提出合作的計劃，請求贊助與支持。

岡田先生雖然對松下幸之助提出的宣傳計劃感到相當吃驚，但是對方信心十足的態度卻讓他深受感動。儘管這是一筆不小的投資，而且需要冒很大的風險，他還是願意試一試，幫助這個年輕的創業者達成自己的理想。

至於宣傳的效果如何，看看松下電器目前的成就便可以猜到了。

松下公司的燈泡加上岡田公司的乾電池，發揮了最好的廣告效益，奠定了民衆心目中的形象，兩家公司相輔相成，令營業額直線上升，效果甚至比當初所計劃的還要好。

松下幸之助不只腦筋動得快，還以誠懇實在的態度取得別人的幫助，把對自己的信心傳染給別人，讓別人也感受到這股力量，因此得到了成功。

松下幸之助清楚地知道，單憑一個人的力量是不夠的，可是別人又怎麼會毫無條件、心甘情願地幫助你呢？

義大利作家喬凡尼說：「偉大的理想，只有經過忘我的奮鬥和犧牲，最後才能獲得勝利和實現。」

只有當自己卯足全力，一次又一次地反覆修正量自己的計劃，把不完美的地方改到最完美，直到自認問心無愧，那麼信心自然會源源不絕的升起，水到渠成，失敗又何足可畏呢？

不能只怪魚「狡猾」

「工欲善其事，必先利其器」，在開始前做好萬全的準備吧！多花一點心血，也許可以省去更多汗水。

一對隱居山野的夫婦，長年以來，一直遠離都市，自給自足為生。

一天中午，妻子突然想吃魚，於是吩咐丈夫利用下午的閒暇時間去河邊釣魚，這麼一來，晚餐時就可以吃到既新鮮又美味的魚料理了。

妻子一面盤算著晚上的菜色，一面備妥用具，催促著丈夫趕緊去捕魚。

誰知，到了傍晚的時候，丈夫竟然垂頭喪氣，兩手空空的回到家裡。妻子發現了丈夫這副狼狽的模樣，焦急地問：「你上哪裡去了？怎麼一條魚也沒帶回來呢？」

丈夫邊擦汗邊說：「別提了，現在的魚可真狡猾，我在河邊等了一個下午，不但沒有釣到半條魚，魚餌都還被偷吃光了呢！累得我滿身大汗，快把我給氣死了。」

妻子聽了半信半疑，這條河的魚獲量向來豐富，怎麼突然間連一隻魚也不上鉤呢？

於是，她拿起了魚竿，仔細地看了看說：「難怪呢！魚鉤都已經歪了，你怎麼連這都沒發現呢？怪不得蹲了一下午，連條魚也釣不到，這個魚鉤根本沒有作用了嘛！趕緊換上一個新魚鉤，我們很快就會有魚吃了。」

換個角度，就能讓自己幸福

有句話是這麼說的：「現實中的難題都可以解決，唯獨不願意動腦去面對的困難永遠無解。」

很多時候，我們只會不斷替自己找藉口，卻不願動腦解決問題。丈夫沒有找出問題的癥結，因此忙碌了半天，也只是徒勞無功而已。像這樣的情況，日常生活中屢見不鮮，你我都曾碰到過，沒有選對方法，忙了半天也還是一場空。

問題的癥結其實並不是什麼難懂的道理，明眼人一眼就能看穿，卻因為我們粗心大意，得過且過的態度，不但不能明察秋毫，還如同瞎子摸象，摸得一頭霧水，耽誤了別人也耽誤了自己。

「工欲善其事，必先利其器」，在開始前做好萬全的準備吧！多花一點心血，也許可以省去更多汗水。

PART 7

嚥下怨氣，才能爭氣

不中聽的話是一把銳利的劍，可以刺穿你的心臟，

但是你也可以伸手握住它，使它成為你的利器。

別讓「資產」成為你的「包袱」

高傲孤僻其實一點幫助也沒有，要想出類拔萃，就必須先放下身段，只有放下架子和包袱，才能成為更優秀的人物。

羅納爾出生於德國的一個電器世家，他的父親是德國首屈一指的電器商，然而羅納爾大學畢業後並沒有直接繼承家業，反而選擇到一個名不見經傳的小工廠上班。

他的父親認爲這是一種最好的磨練，諄諄告誡自己的兒子：「去別人的地方工作，千萬別擺什麼架子，要忘記你的父親是誰，一切從頭開始，自己去爭取別人的幫助。」

虎父無犬子，羅納爾平易近人並且吃苦耐勞，自願從最底層的工作做起，即使這些粗重的工作常使羅納爾做得筋疲力盡，甚至受傷流血，他也沒有半句怨言。

遇到困難時，羅納爾會不恥下問，虛心地向其他工人討教，就連看門的管理員、廁所的清潔工都成了他閒聊的好夥伴。

日子久了，工人們漸漸忘掉了羅納爾的身分背景，不再心存成見，把他當成了推心置腹的好同事，每個人都願意把自己所知傾囊相授，使羅納爾受益匪淺，很快地就對電器業的經營瞭若指掌了。

有了這麼好的經驗作基礎，羅納爾的父親總算可以放心地把公司的經營權移交到他手上。

接棒後，羅納爾不忘父親的教誨，待員工如朋友，積極爭取別人的幫助，完全沒有一點架子。

這樣的態度果然獲得了員工的全力支持，後來羅納爾不只將公司的基業更加發揚光大，自己也沒有辜負父親的期望，成為德國電器業中，舉足輕重的一號人物。

換個角度，就能讓自己幸福

人是社會的動物，團體的力量無窮，如果想要取得成功，那麼就得先取得衆人的支持，衆志成城絕對好過單打獨鬥。

美國劇作家海曼曾說：「有一天，當你發現自己的境遇都是自己一手造成的，而非源於意外、時間或命運，那是多麼悲哀的事啊！」

不得人心的人，他們之所以得不到人心、抱怨別人不懂欣賞他，其實也都是自己一手造成的。

高傲孤僻其實一點幫助也沒有，要想出類拔萃，就必須先放下身段，只有放下架子和包袱，才能成爲更優秀的人物。

你想上天堂，還是下地獄？

《聖經》有云：「一粒麥子不埋在土裡，仍舊只是一粒；若是埋在土裡，雖然犧牲了，卻可結出許許多多的麥穗來。」

大雄有一天晚上做了一個非常奇怪的夢，夢裡盡是一片白霧茫茫，伸手不見五指。正當他徬徨無助之際，霧中忽然出現了一位女人，長得貌美如花，引領他向前走。

不知道走了多久，大雄隨著女人來到了一間屋子前，推門而入，只見屋裡擺了一張長長的桌子，桌上盡是一些令人垂涎三尺的山珍海味，香味撲鼻而來，讓人忍不住食指大動。

然而，坐在桌旁的人卻都滿面愁容，沒有一點喜悅。

大雄仔細一看，原來這些人的手臂都是僵直的，無法彎曲，即使用筷子挾住了眼前的美味佳餚，也沒辦法送到自己的嘴裡，只能望著山珍海味乾瞪眼，根本是一場折磨。

大雄感到驚訝不已，便問身邊引路的美人：「這裡是哪裡？」

美人嘆了口氣回答：「這裡是地獄，在這裡的人都罪有應得，因此只能面對滿桌的食物挨餓。」

接著，女人又帶著大雄來到另外一間屋子。

大雄遠遠就已經聽見這間屋子傳出來的笑聲，走近一看，這間屋子和剛才那間屋子的擺設完全一模一樣，不同的是，這間屋子裡每個人的嘴裡都咀嚼著食物，吃得津津有味，整間屋子洋溢著歡樂的氣氛，與另一間屋子有著天壤之別。

大雄發現這些人的手臂也都是僵直的，不過他們挾到食物後，並不是往自己嘴巴送，而是送到對面人的口中。這樣你餵我、我餵你，大家互相幫助，當然吃得興高采烈。

大雄不自覺地被這幅和樂景象給迷住了，不禁恍然大悟地說：「原來這就是天堂啊！」

等他回過神來，身邊的美女早已不知所蹤，只剩下大雄獨自一個人，和他一步步慢慢變得僵硬的手臂。

換個角度，就能讓自己幸福

一個人會過怎樣的日子，關鍵並不是外在環境，而是內在心境。

你看待事物的角度，將決定你活得幸福或者痛苦。

天堂和地獄確實只有一線之隔，關鍵在於你用什麼心情看事情。互助合作可以使地獄變成天堂，自私自利卻只能讓天堂成爲地獄，即使眼前有著無窮無盡的寶藏，自己也沒有力氣挖掘。

《聖經》有云：「一粒麥子不埋在土裡，仍舊只是一粒；若是埋在土裡，雖然犧牲了，卻可結出許許多多的麥穗來。」

這就是生命的最高境界，如果你願意放下偏私，願意爲他人犧牲奉獻，那麼，付出也就等於收穫。

腦子裡不要老是裝滿自己，如果想要有更好的明天，那麼請把握今天，貢獻自己的力量，爲別人做一點事吧！

天堂或地獄，冥冥之中自有安排，要怎麼收穫，就先那麼栽。你想上天堂，還是下地獄呢？

分享，是人際關係的潤滑劑

若能敞開心胸，珍惜與人相處的每一刻，你就會明白，天底下最美味的佳餚不一定是山珍海味，而是人情的滋味。

在一個小村莊裡，由於過去曾發生過幾件不愉快的事，導致村民之間相處得很不融洽，家家戶戶自掃門前雪，別說互相幫助了，往往見了面連聲招呼也不打，而且還時常為一些芝麻綠豆大的小事爭得面紅耳赤，鬧得整個村落雞犬不寧。

村長很想改善目前的窘境，不希望這股相敬如「冰」的風氣繼續蔓延下去，於是找來了一個外地人幫忙。

這個外地人自稱是技藝精湛的魔術師，昭告鄉里說：「我有一顆神奇的魔法石，只要用這顆石頭炒出來的菜，就會是天底下最美味的一道菜，口說無憑，我可以當場試驗給你們看！」

村裡的人聽說了這件神奇的事，開始議論紛紛，有人搬來了家裡的大鍋子，有人搬來了家裡的大爐子，有人自願提供木材，也有人自動自發地生火，全村的人圍著村子中央的空地，靜心等待魔術師的精采表演。

魔術師煞有其事地在鍋裡放了油，把青菜放入鍋中，和魔法石一同翻炒了一下，然後帶著遺憾的神情對大家說：「這麼一點點哪裡夠這麼多人吃？如果可以再多炒一點菜，那麼大家就都可以吃得到了。」

於是，有人飛快地從家裡拿了青菜出來。魔術師把青菜放入鍋中翻炒，試吃了一口，然後興奮地說：「眞是太美味了！如果可以再加一點鹽，或是一點肉絲，那就更好吃了。」

大夥兒聽了口水直流，鹽、肉和其他的調味料也很快地送到了魔術師的手上。沒多久工夫，魔術師的鍋子裡已經裝滿了佳餚。

這盤菜才剛端上桌，就已經被大家你一口、我一口，吃得盤底朝天，村民們發現，這果眞是天底下最好吃的一道菜！

換個角度，就能讓自己幸福

聰明的你，一定已經看穿了魔術師的秘密。

其實，眞正發揮作用的，不是這顆魔法石，而是村民不計前嫌，願意互相幫助的態度。你出一點鹽，我出一點肉，大家共同付出之下，炒出來的菜當然是天底下最美味的。

無可諱言的，每個人都佔人便宜的傾向，也都有自私自利的一面，正因爲如此，人與人之間才會產生隔閡與嫌隙。

其實，只要試著轉換心情，就會發現很多事情其實沒什麼好計較，多付出一點也沒什麼大不了，反而能讓自己活得更快活。

一味斤斤計較，只會爲生活帶來更多苦惱。

美國作家埃．哈伯德在《世俗庸人》一書中寫道：「聰明的人都明白這樣一個真理：幫助自己的最好方法，就是先去幫助別人。」

人與人之間應該彼此相互敬重、相互幫助；唯有肯救助別人危困的人，在面臨危困時才能獲得別人救助。

浮生若夢，世事無常，這一刻你我圍爐同歡，也許到了下一刻就要各分東西。計較多不意味著你就能得到更多，相反的，若能敞開心胸，珍惜與人相處的每一刻，你就會明白，天底下最美味的佳餚不一定是山珍海味，而是人情的滋味。

失敗只是可惜，逃避才是可恥的

真正的英雄其實不在於他的功績有多麼浩大，而在於他有沒有面對失敗的勇氣，失敗只是可惜，並不可恥。

一九四四年，艾森豪指揮的英美聯軍正準備橫渡英吉利海峽，在法國諾曼第登陸，展開對德戰爭的另一個階段。

這次的登陸事關重大，對戰局有決定性影響，英國和美國合作無間，爲這場戰役投入了巨大的人力物力。然而人算不如天算，就在一切準備就緒、蓄勢待發的時候，英吉利海峽卻突然風雲變色、巨浪翻天，數千艘船艦只好退回海灣，等待海上恢復平靜。

這麼一等，足足等了四天，天空像是被閃電劈開了一道裂縫，傾盆大雨連綿不絕，數十萬名軍人被困在岸上，進退兩難，每日所消耗的經費、物資，實在不容小覷。

正當艾森豪總司令苦思對策時，氣象專家送來最新的報告，資料中顯示天氣即將出現好轉，狂風暴雨將在三個小時之後停止。

艾森豪明白這是千載難逢的好機會，可以攻敵人於不備，只是這當中也暗藏危機，萬一氣候不若預期中這麼快好轉，很可能就全軍覆沒了。

艾森豪經過慎重的考慮之後，在日誌中寫下：「我決定在此時此地發動進攻，是根據所得到最好的情報做出的決定……如果事後有人譴責這次的行動或追究責任，那麼，一切責任應該由我一個人承擔。」

然後，他斬釘截鐵地向陸、海、空三軍下達了橫渡英吉利海峽的命令。

艾森豪受到幸運之神的眷顧，傾盆大雨果然如同預測，在三個小時後停止，海上恢復一片風平浪靜，英美聯軍終於順利地登上諾曼第，掌握了這場戰爭得勝的關鍵。

艾森豪最大的成就，不只在於他英明果斷的決策，還在於肯為自己的決定負完全的責任，這是在上位者十分難得的表現。

多少政治人物平時勤於為自己歌功頌德，大難臨頭卻各自分「推」，就算證據擺在眼前，臨死也要拖一個人來墊背，敢做不敢當，怎麼能為人民喉舌？作為人民的表率？

真正的英雄其實不在於他的功績有多麼的浩大，而在於他有沒有面對失敗的勇氣。失敗只是可惜，並不可恥，況且失敗只是一時，伴隨而來的責任卻是一世的，只有當你勇於承擔、面對時，責任才有終了的一天。

嚥下怨氣，才能爭氣

不中聽的話是一把銳利的劍，可以刺穿你的心臟，但是你也可以伸手握住它，使它成為你的利器。

阿光今年剛從大學畢業，他學的是英文，自認爲無論聽、說、讀、寫，對他來說都只是雕蟲小技。

由於他對自己的英文能力相當自豪，因此寄了很多英文履歷到一些外商公司去應徵，認爲英文人才是就業市場中的績優股，肯定人人搶著要。

然而，一個禮拜接著一個禮拜過去了，阿光投遞出去的應徵信函卻了無回音，猶如石沉大海一般。

阿光的心情開始忐忑不安，此時，他卻收到了其中一家公司的來信，信裡刻薄地提到：「我們公司並不缺人，就算職位有缺，也不會僱用你。雖然你認爲自己的英文程度不錯，但是從你寫的履歷看來，你的英文寫作能力很差，大概只有國中生的程度，連一些常用的文法也錯誤百出。」

阿光看了這封信後，氣得火冒三丈，好歹也是個大學畢業生，怎麼可以任人將自己批評得一文不値？阿光越想越氣，於是提起筆來，打算寫一封回信，把對方痛罵一番，消除自己的怨氣。

然而，當阿光下筆之際，卻忽然想到，別人不可能無緣無故寫信批評他，也許自己眞的太自以爲是，犯了一些錯誤是自己沒有察覺的。

因此，阿光的怒氣漸漸平息，自我反省了一番，並且寫了一張謝卡給這家公司，謝謝他們舉出了自己的不足之處，用字遣詞誠懇眞摯，把自己的感激之情表露無遺。

幾天後，阿光再次收到這家公司寄來的信函，他被這家公司錄取了！

換個角度，就能讓自己幸福

證嚴法師曾說：「一般人常說，要爭一口氣，其實，真正有功夫的人，是把這口氣嚥下去。」

人往往只看得見別人的過錯，看不見自己的缺失，面對別人的指責，也常不加自省，反倒以惡言相向來掩飾自己的心虛。

不中聽的話是一把銳利的劍，可以刺穿你的心臟，但是你也可以伸手握住它，使它成爲你的利器。

言者無意，聽者有心，一切在於你如何用心來面對人生的挫折，你可以反駁別人的批評，斥責別人的無知，但這樣並不會使你在別人心目中的地位提高，反而得不償失。

只有痛定思痛、反求諸己的人，才可以化干戈爲玉帛，知過能改勝過學富五車，千金也難買。

早一步冒險，就早一步成功

偶爾擔心害怕是在所難免的，你當然有為前途憂心的權利，但是千萬別因為一時的害怕而停下了腳步，佇足不前只會讓你錯失良機。

阿強是個雜貨店的小員工，工作勤奮努力，爲人誠懇實在。最近雜貨店由於商品陳列不當，囤積了很多賣不出去的過時商品，所以老闆每日憂心忡忡、愁眉不展。

阿強看著堆積如山的貨物，突然心生一計，認爲反正這些貨物擺在店裡也只是佔空間，不如降價求售，以成本價賣出去，也許賺不了什麼錢，但至少可以爲雜貨店賺一個物美價廉的好名聲。

於是，阿強建議老闆採用大拍賣的方式，把所有賣不出去的商品統統擺在店門口，讓顧客任意選擇。

因爲商品價格非常低廉，每一樣都只有十塊錢，獲得附近鄰居的廣大迴響，把店門口擠得水洩不通，之前在店裡擺放了半年還無人問津的商品，短短半天內便銷售一空，老闆笑得簡直合不攏嘴。

低價策略果眞吸引了許多人潮，阿強見狀喜上眉梢，建議老闆乾脆轉型經營，專門賣一些成本低廉的商品，全部以十元出售，薄利多銷之下必定能轉虧爲盈。但是，老闆卻認爲這種經營模式利潤有限，不敢放手去做，因此婉拒了阿強的提議。

幾年後，阿強存了一點資金，爲了實現自己的夢想，他冒險投資，自己開了一家小店。

他掌握了顧客們貪小便宜的心理，標榜所有的商品一律十元，因此才剛開幕，客人便絡繹不絕，小生意有了大回收，十元商店很快就成了一股風潮，收益蒸蒸日上。

雜貨店老闆看見阿強一手創建了成功事業，後悔不已、感慨萬分，只是爲時已晚，錯失了先機，再怎麼後悔也已經來不及了。

換個角度，就能讓自己幸福

作家布萊恩曾經寫道：「無論你的人生是黑白的，還是彩色的，只要是由自己決定的人生，就是精采的人生。」

每個人的人生，都應該由自己決定，決定之後，後果也應該自行承擔。只要懂得將命運掌握在自己手裡，透過自己的種種決定和經歷，我們更能看清，人生正隨著自己的意念起起落落。

想要比人早一步成功，就要比人早一步去冒險。

雜貨店老闆徒有基業，卻不敢冒險，因此錯失了良機，而阿強雖然赤手空拳，卻憑著滿腔的熱忱付諸行動，開創了自己的天地。

才智與勇氣是成功的兩個要件，缺一不可，想要取得成功，必須兩者兼備，有了智謀還要加上冒險的勇氣，徹底實踐才可能美夢成真。

偶爾擔心害怕是在所難免的，你當然有為前途憂心的權利，但是千萬別因為一時的害怕而停下了腳步，佇足不前只會讓你錯失良機。

莎士比亞在《理查二世》裡寫道：「畏懼只會徒然沮喪了自己的勇氣，也就是削弱自己的力量，增加自己對現實環境的害怕。這種情況就等於是讓自己的愚蠢攻擊自己。」

害怕是一盞警燈，會提醒你前有險阻，但這並不表示你不能安然度過，只要謹慎小心，一樣可以克服萬難；挫折險阻並不可怕，涉足險境而不自知，那才是最可怕的。

看見魔鬼在招手了嗎？

人生是一場賽跑，不到終點，誰也不知道結果。好的開始也許是成功的一半，但是請記住，贏在終點的人，才是真正的贏家。

美國汽車大王亨利．福特從小就對車子有一股莫名的熱愛，早在人們還把車子當成一種奢侈品，認爲是有錢有閒後才能享受的「玩物」時，福特就已經洞燭先機，比別人早一步發現車子的便利性，並覺得車子成爲日常生活的必需品是時勢所趨。

因此，他全力以赴，率先製造兩款新型的賽車，並且以流線的外型擊敗了所有的對手，贏得高額獎金，隨後一手創辦了「福特汽車公司」。

福特積極地開發市場，生產最耐用的小汽車，以低廉的售價吸引了許多小家庭與年輕族群。

他打破傳統，致力於增強車子的實用性，而且不講求排場，一舉在市場上闖出響亮的名號。

福特並不以此爲滿足，乘勝追擊，不斷地研發、改進自己的生產線，並擴大生產規模，到了三〇代初期，便已賺進億萬美元了。

接二連三的勝利雖然奠定了福特的信心，但也沖垮了他的危機意識。

任何人的意見對他而言都是耳邊風，他認爲事實擺在眼前，只有自己的決策是正確的，使得一些有理想的屬下在這裡完全沒有施展抱負的機會，於是紛紛跳槽到別家公司。

福特公司的人才逐漸凋零，面對競爭對手不斷地推陳出新，感到完全不知所措、欲振乏力。最後，福特公司面臨了巨大的虧損，多年來的苦心經營差點就付之一炬。

失敗往往伴隨著勝利而來，看看那些賭徒們，如果不是一開始嚐到了勝利的滋味，又怎會一試再試，賭到傾家蕩產還誓不罷休？就因爲他們曾經贏過，所以相信自己會有再度翻身的一天。

因此，西方人笑說這樣的勝利是魔鬼在招手，魔鬼先讓人嚐到一點甜頭，然後人就會奮不顧身往火坑跳，從此陷入萬劫不復的深淵中。

人生是一場賽跑，不到終點，誰也不知道結果。好的開始也許是成功的一半，但是請記住，贏在終點的人，才是眞正的贏家。

有實力的人不輕易出手

人們常常因為爬得比人高，就自以為腳下的一切都是這麼的渺小，忘了只要有別人爬得比你高，你在他眼中也是同樣的渺小。

春秋時代，齊頃公進攻魯國，攻無不克、戰無不勝，不只佔領了魯國大片土地，連前來救援魯國的衛國都成了手下敗將；兩個戰敗國家連忙向晉國求救，合三國之力，準備與齊國來個決一死戰。

晉國意氣風發，千里迢迢地率領著八百輛戰車來與魯、衛兩國會合。然而，齊國的大將高固驍勇善戰，根本不把晉國放在眼裡，連夜摸黑獨闖晉軍大營，不但引起晉軍一陣慌亂，還奪得一輛戰車回營，把敵人玩弄於股掌之間，大挫對方的銳氣。

齊頃公眼見手下大將如此足智多謀、身手矯捷，自覺天下無敵，便與三國聯軍約定次日清晨決戰。

到了第二天清晨，三國聯軍已經嚴陣以待，齊軍卻老神在在，連陣局都尚未佈置好。但是，齊頃公毫不以爲意，下令開戰，並輕蔑地說：「等我消滅了敵人之後再吃早飯吧！」

身邊部將見狀，連忙勸阻道：「我方陣勢尚未佈好，不妨再多等一時半刻才下令開戰。」

但是，齊頃公志得意滿，根本聽不進去建言，笑著說：「怕什麼！他們不過是我們的手下敗將，隨便派幾個士兵殺過去，他們就會被殺得抱頭鼠竄、全軍覆沒了。」

於是，他親自擂擊戰鼓，發動攻擊，但因爲缺乏準備，還沒到達敵陣，齊軍就已被殺得片甲不留，致使齊國大業功敗垂成。

齊頃公犯了戰場上的兩個大忌，一是「輕敵」，二是「驕矜」；如果他能不沉迷於先前的小勝利，不高估眼前的優勢，準備就緒之後再發動攻擊，以齊國的實力，必能橫掃千軍、改寫歷史，把勝利納爲囊中之物。

人們常常因爲爬得比人高，就自以爲腳下的一切都是這麼的渺小，忘了只要有別人爬得比你高，你在他眼中也是同樣的渺小。

驕傲自滿的人容易錯估情勢，通常只能落到和齊頃公同樣的下場，勝利就在眼前，卻因爲不曉得把握時機，隨隨便便就出手，不但沒有獲得勝利，反而把它趕跑了。

千萬別當「半桶水」

自以為聰明的人，往往做出最愚蠢的事，即使肚子裡有半桶水，也毫無作用，不如那些連一點水也沒有的人。

有一位滿腹經綸的學者，爲了了解禪學的奧妙，不遠千里去拜訪一位知名的禪師。只見禪師在桌上準備了兩只斟滿茶水的杯子，然後便坐下，開始講解佛學的精義。

這位學者聽著聽著，覺得其中某些話似曾相識，好像也不是什麼高深的理論。他曾聽人說這位禪師道行高深，從他的話語中能夠得到很多啓發，但是交談之下並不覺得他有什麼特殊之處，於是認爲這位禪師不過是浪得虛名，騙騙一般凡夫俗子而已。

學者越想越覺得心浮氣燥，坐立不安，不但在禪師的講道中不停地插話，甚至輕蔑地說：「喔，這個我早就知道了。」

禪師並沒有出言指責學者的不敬，只是停了下來，微微一笑，接著拿起茶壺再次替這位學者斟茶。儘管茶杯裡的茶還剩下八分滿，禪師卻沒有把杯子裡的茶倒出，只是不斷的在茶杯中注入溫熱的茶水，直到茶水不停地從杯中溢出，流得滿地都是。

這位學者見狀，連忙提醒大師說：「別倒了，杯子早就已經滿了，根本裝不下了。」

禪師聽了放下茶壺，不慍不怒地說：「是啊！如果你不先把原來的茶杯倒乾淨，又怎麼能品嚐我現在倒給你的茶呢？」

猜一猜，一個桶子裡裝了多少水，搖起來的聲音會最響亮？

答案是半桶水。

認爲自己肚子裡沒有半點墨水的人，是最虛心求教的那一種，肚子裡已經裝滿水的人，則是最深藏不露的那種，只有半桶水的人，最容易「膨風」自大，走起路來叮噹響。

自以爲聰明的人，往往做出最愚蠢的事，即使肚子裡有半桶水，也毫無作用，不如那些連一點水也沒有的人。

因爲，有自知之明的人會努力爲自己裝水，日積月累之後，肯定裝得比半桶水還多。

PART 8

別讓你的天才變成你的悲哀

再怎麼有才能的人，如果以自己的才能為傲，

不停地誇耀自己，那麼他的天才只會為自己帶來悲哀。

不須羨慕別人的人生

無論讓你產生嫉妒的情境多麼的美好，那都是別人的人生，你所能擁有的，是你自己的人生，只有懂得珍惜，你才能不斷創造和超越。

一群黑道份子企圖買通警察，好在轄區內進行不法的勾當。然而，這個地方的管區刑警卻十分剛正不阿，做了多年的警察，從來沒有一點貪贓枉法的行爲。

這麼奉公守法的警察，理所當然地成了黑道人士的眼中釘，非把這塊阻擋自己財路的絆腳石除掉不可。因此，黑道份子個個輪番上陣，分別使出不同的伎倆來賄賂警察。

然而，這個管區警察也不是省油的燈，不只不把錢放在眼裡，對黑道兄弟們層出不窮的挑釁行爲更是見招拆招，一個個加以收拾，然後把他們送進監牢。更厲害的是，這個警察視死如歸，早已把生死置之度外，對於黑道的威脅恐嚇根本不爲所動，使他們全部無功而返，苦無計策。

黑道頭子聽說了這名警察不屈不移的英勇事蹟，冷笑著說：「你們這些招數都已經老掉牙了，我倒要親自出馬，好好會一會他。」

於是，黑道頭子趁著這名警察獨自一人在酒吧裡喝酒時，悄悄地走到他身邊，告訴他說：「你在警校裡的學弟已經當上了分局局長，不知道你聽說這件事了沒有？」

「鏘」的一聲，警察手中的酒杯掉到了地上，剎那間臉色大變，原本自得的神情罩上了一層嫉妒的色彩。就這樣，黑道份子終於買通了這名警察。

莎士比亞在《奧賽羅》中寫道：「一個人的嫉妒心理一旦被人煽動以後，就會糊塗到極點。一個像印度人一樣糊塗的人，會把一顆比他所有財產更貴重的珍珠隨手拋棄。」

讓對方產生嫉妒心理的誘惑，要比名利的誘餌來得有效，嫉妒所造成的後果，也遠比死亡來得可怕。因此，當你對別人的成就感到嫉妒的時候，應該告訴自己要用正面而積極方式面對。

韓劇〈情定大飯店〉裡有一幕，男主角問長年在飯店裡服務的職員說：「每天伺候這麼多有錢人，他們住飯店一天的費用，可能是你一個月的薪水，難道你不會感到不平衡嗎？」

飯店職員笑著回答說：「是啊！我會很羨慕他們，不過，那都是別人的人生啊！」

人總是比上不足、比下有餘，無論讓你產生嫉妒的情境多麼的美好，那都是別人的人生，你所能擁有的，是你自己的人生，只有懂得珍惜，你才能不斷創造和超越。

尋找生命中的巨人

牛頓曾說：「我的成功只不過是站在巨人的肩膀上而已。」牛頓的巨人是笛卡爾，而你的巨人又在哪裡呢？

一九七〇代，法國明星亞蘭德倫紅極一時，成了全球矚目的焦點，當他首度造訪日本之時，立刻在日本境內掀起了一股旋風。

媒體不斷報導亞蘭德倫的新聞，他的一舉一動，更是當時日本人民茶餘飯後，百談不厭的話題。

這樣的現象，令日本一家口香糖公司的經理突發奇想，有了新的靈感。由於這家公司營運不順，正需要強而有力的促銷策略，因此經理經過一番詳細考慮之後，千方百計透過關係邀請亞蘭德倫利用閒暇時間，順道參觀一下口香糖工廠。

到了約定當天，經理出動了全體員工列隊歡迎，並請來了記者架設攝影機，把整個過程拍攝下來。

當亞蘭德倫到達口香糖工廠時，現場鎂光燈閃個不停，經理立刻送上公司出品的口香糖，請亞蘭德倫試吃看看。

亞蘭德倫笑瞇瞇地嚐了一塊口香糖，隨口說了一句：「嗯，我眞想不到日本也有這樣的口香糖……」

這原本是出於客套的恭維，卻成了一段經典畫面，亞蘭德倫與「日本最好吃的口香糖」一起出現在電視新聞中，一次又一次地播放著，吸引了無數死忠影迷，爭先恐後地指定購買這個牌子的口香糖。

口香糖公司不費吹灰之力，便獲得了極高的宣傳效益，產品銷售一空，公司股價也很快止跌回升。

懂得四兩撥千斤、借力使力的人才能向上爬得更快。

一個人的力量也許有限，但是你認識十個人，你也就等於有了十個人的力量，這十個人可能又個別認識十個人，那麼，你就有了一百個人的力量，世界就是這麼開始的啊！

仔細看看身邊的人，其實你擁有的籌碼遠比你想像的還多。

牛頓曾說：「我的成功只不過是站在巨人的肩膀上而已。」

牛頓的巨人是笛卡爾，而你的巨人又在哪裡呢？

想要比別人更成功，試著找尋你身邊的巨人，然後站到他的肩膀上吧！

走捷徑不一定到得了終點

聰明的人擅長走捷徑，也許平步青雲，也可能一失足成千古恨；老實的人腳踏實地、兢兢業業，也許多走了不少冤枉路，但是最終一定可以安然到達目的地。

一名遊覽車的駕駛員長年開車經過一條風景秀麗卻蜿蜒曲折的山路，這條路九彎十八拐，意外頻傳，這個駕駛員卻開得得心應手，二十多年來從未出過一次事故。

一次，一位旅客搭乘這輛遊覽車，見識到了駕駛員精湛的開車技術，不由得敬佩地說：「司機，這條路這麼曲折，令人膽顫心驚，你開車開了這麼多年，卻從來沒有出過意外，一定是對這條山路哪裡該轉彎，哪裡會碰壁都十分了解了，眞是不簡單啊！」

但是出乎意料地，駕駛員微笑地搖頭說：「您眞是太誇獎我了，老實說，雖然我常常經過這條路，但是這條路該轉彎該減速的地方實在太多，我到現在都還是搞不清楚呢。」

聽了這樣的回答，旅客驚訝地問道：「這怎麼可能？你不清楚路況，怎麼能開得這麼平順呢？」

駕駛員笑著回答說：「其實，我根本不需要知道這條路危險的地方在哪裡，我只要謹記不超速，以及注意其他安全駕駛的原則，哪裡還需要擔心什麼危險呢？」

換個角度，就能讓自己幸福

對於同一件事，有的人努力尋找旁門左道，藉此提高成功的機率；有的人卻始終秉持最基本的信念，認為無論天地萬物如何變遷，唯有掌握原則才是致

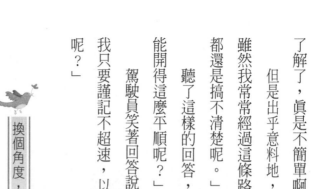

勝關鍵。

這兩種處世方式，其實很難分出高下，也無法評斷孰是孰非。

聰明的人擅長走捷徑，也許平步青雲，也可能一失足成千古恨；老實的人腳踏實地、兢兢業業，也許多走了不少冤枉路，但是最終一定可以安然到達目的地。

當然，你可以隨心所欲地選擇你所想要的方式，但是，你也必須坦坦蕩蕩地承擔你所得到的後果。

懶惰是危險的慢性病

偶爾的偷懶無可厚非，就當給自己放了一天假，然而一旦成為了習慣，一時的放縱換來了終身的遺憾，你認為值得嗎？

街頭的角落住著一群小貓，其中有一隻叫作「凱蒂」的貓，原本是隻家貓，由於和主人不小心走散了，才淪落爲流浪貓。

也因此，凱蒂始終戒不掉好吃懶做的習慣，成天躲在樹蔭下乘涼，唯一的專長就是睡覺。

秋天過去了，天氣逐漸轉涼，同伴們意識到又濕又冷的冬天即將來臨，連忙出外尋找一些樹葉或人們廢棄的紙箱，設法替自己安置一個溫暖的小窩，以抵擋連綿的陰雨和呼嘯的北風。只有凱蒂仍然成天做夢，忙著偷懶，一點也不爲即將來臨的寒冬著急。

「過兩天再擔心吧！看今天天氣多好，不用來睡覺實在太可惜了。」凱蒂總是把這些話掛在嘴邊。

日子一天天過去，冬天的腳步來臨了，其他的貓全躲進自己溫暖的小窩中，只有凱蒂瑟縮在街邊，緊靠著牆角，冷得直打哆嗦。於是，牠下定決心，明天就替自己建造個新家。

到了第二天，太陽又露出了笑臉，把地面曬得暖哄哄的，凱蒂趴在角落，又開始睡牠的大頭覺了。

別的貓兒急忙提醒牠起來幹活，卻懶洋洋地說：「急什麼！昨天凍得我沒睡好，現在先補個眠再說吧！」

夜裡，寒流來襲，大雪紛紛飄落至地面，凱蒂冷得連叫都叫不出來，四周沒有一個能遮風擋雪的地方。等到天亮的時候，凱蒂已經沒有知覺，再也無法醒來了。

「明天，明天，不是今天。」這是懶惰的人最喜歡說的話。

明天之後永遠還有明天，你的事情永遠也做不完。懶惰是一種慢性病，無法靠吃藥打針治療，對你而言懶惰或許不算什麼，但是嚴重起來卻足以要人命，古今中外，你曾聽說有哪位成功人士是懶惰的嗎？

偶爾的偷懶無可厚非，就當給自己放了一天假，然而一旦成爲了習慣，你就會連無論如何必須在今天完成的工作，都拖延到明天。最後，就如同凱蒂小貓一樣，讓一時的放縱換來了終身的遺憾，你認爲值得嗎？

沒有金手指，至少要有金腦袋

從無到有的過程才是最艱辛的路，善用你目前所擁有的才能，創造最多的財富，行行出狀元，夢想的距離是要你自己去拉近的。

高爾夫球是近十多年來新興的運動，也帶動了不少嶄新的商機，無論是發展場地、球具都相當有利可圖，不少人因此而大展鴻圖。其中，美國的瑞德先生由一名沒沒無聞的潛水員，搖身一變成爲百萬富翁，源源不絕的創意和不屈不撓的鬥志，令人不得不豎起大拇指。

當時，瑞德先生還只不過是一名潛水員，從事沉船打撈的工作，無意中，看見一只高爾夫球因爲揮桿者的失誤而掉入湖中，原本只是好心地想替他撿回那只球，於是穿上了潛水的裝備，潛入了水中。

沒想到，他在湖底看到的不只一顆球，而是成千上萬的小白球，這幅景象讓他看到了一個千載難逢的好機會。

瑞德趕緊將球一顆一顆撈出，一天之中就撈了兩千多個球，然後以新球的三分之一價格賣給球場經理，賺來的錢相當於他一個禮拜的薪水。

這樣新穎的賺錢方式，很快地便傳到了其他潛水員耳中，令所有人聞風而動。瑞德看見這麼多人對這個行業感興趣，乾脆成立一家舊球回收公司，從潛水員手中低價收購大批的舊球，僱專門人員把球洗淨，噴上新的油漆，再重新包裝，然後廉價出售。

這樣經濟實惠的生意當然吸引了許多高爾夫球迷，令瑞德的公司生意興隆，一年的總收入高達八百多萬美元。

換個角度，就能讓自己幸福

近幾年，環保意識高漲，資源回收的概念已深植人心，垃圾可以致富，到了今天已不再是神話。

然而，喊口號的人多，身體力行的卻寥寥無幾，瑞德先生的故事，也許能夠刺激更多人從日常生活中著手，尋找讓自己發財致富的寶藏。

沒有一根點石成金的手指，至少要有一顆創意無窮的腦袋。

錦上添花並不難，從無到有的過程才是最艱辛的路，善用你目前所擁有的才能，去創造最多的財富！

行行出狀元，夢想的距離是要你靠自己去拉近的。

「內在美」比「外在美」重要

任何一個產品的研發都應該以人為本，以符合消費者的需求為宗旨，才能創造出傲人的成績。

二十世紀七〇代，美國與日本佔據了電視業的兩大鰲頭，雙方不停地力爭高下。由於美國產品售價較低，一直以來，始終居於電視業的首位，比日本略勝一籌。

然而，隨著生活水準提高，傳統的彩色電視已無法滿足美國人民的需求，但是美國卻只著眼於品牌的宣傳，一味利用大量廣告吸引消費者的目光，對於產品創新的研發完全無動於衷。

日本廠商看準了這個時機，配合消費者越來越寬廣的生活空間，在外的時間增多，因此研發了便於攜帶的手提式電視，才剛推出便獲得消費群熱烈的迴響，產品供不應求，狠狠地將了美國一軍。

同時，日本廠商反其道而行，不強調廣告的功效，而以良好的品質打口碑戰，不僅省下了大筆的宣傳費用，直接反應在售價上，深獲消費者好評，奠定了產品的形象。

短短幾年內，日本廠商便反敗爲勝，打破了美國一直領先的輝煌戰績。

換個角度，就能讓自己幸福

商場如戰場，不是你死就是我亡，因此每一步都必須極其小心，不能錯失任何一個關鍵時刻。

想要成爲商場強者，必須充滿創意，不畏艱難，堅定向目標挺進。無論性格的強化、心境的調整、能力的提升、經驗的累積、人脈的增長、競爭優勢的確立……都是成功必備的要素。

除此之外，更必須密切注意消費者的眞正需求。

任何一個產品的研發都應該以人爲本，以符合消費者的需求爲宗旨，才能創造出傲人的成績。

美國經濟學家安．薩繆爾森說：「商業世界的競爭是一隻無形的手，每時每刻都在排列著各家產品在市場上的地位。」

以民眾的需求出發，才能眞正受到大眾的肯定，品質永遠比形象重要，唯有「實在」的好東西，才能佔有一席之地。

別讓你的天才變成你的悲哀

再怎麼有才能的人，如果以自己的才能為傲，不停地誇耀自己，
那麼他的天才只會為自己帶來悲哀。

兩隻大雁鳥和一隻小鴨子由於整個夏天都一起在池塘邊玩耍，因此成了莫逆之交。不過好景不常，轉眼秋天將至，雁鳥必須回南方過冬，三個好朋友面臨了分離的命運，感到十分捨不得，大夥兒抱頭痛哭。

雁鳥向小鴨子說：「如果你也能飛上天，跟我們一起回南方，那該多好啊！我們就不必分開了。」

小鴨子靈機一動，想到了一個絕妙的好點子，牠找來一根樹枝，讓兩隻雁

鳥用嘴銜住樹枝的兩端，自己再叼住樹枝的中間，這樣一來，只要大雁鳥一飛，小鴨子也就可以跟著飛起來了。

經過幾次實驗之後，大家都覺得這個方法十分可行，於是三個好朋友決定一塊兒飛往南方。出發之前，兩隻大雁鳥向小鴨子千交代萬交代，絕對不可以鬆口。

就這樣，牠們浩浩蕩蕩地出發了，兩隻大雁鳥和一隻小鴨子在空中飛行。這景象引起了其他動物的注意，大家開始議論紛紛：「哇！你看，鴨子居然也能在天上飛，眞羨慕牠啊！要是我也能飛上天就好了。」

驚嘆的聲音來自四面八方，此起彼落，小鴨子越聽越高興，身體也跟著飄飄然起來，心想要不是自己聰明絕頂，想出了這個主意，其他動物哪裡可以見識到這種奇觀呢？

正當小鴨子自得其樂的同時，馬上就聽見了有人問：「是誰這麼聰明，想出了這麼棒的主意呢？」

小鴨子聽了，心裡更加得意非凡，忘了雁鳥的交代，張開嘴大聲地回答說：

「是我想……」

話還沒說完，小鴨子就「咚」的一聲，從高空中掉下來了。

換個角度，就能讓自己幸福

藝術家席勒曾經說過：「真正的天才不能有絲毫做作，有了做作，便算不得是天才了。」

聰明的小鴨子爲了一時虛榮而前功盡棄，賠上了自己的生命，眞是樂極生悲。在現實世界中，虛榮的代價也許沒有這麼大，然而對一個人所造成的損失，往往是難以估量。

再怎麼有才能的人，如果以自己的才能爲傲，不停地誇耀自己，那麼他的天才只會爲自己帶來悲哀。

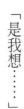

漂亮退場，才是下次進場的籌碼

守成不易，適時的退場或許難堪，然而沒有漂亮的退場，又怎麼會有下一次進場的籌碼呢？

根據歷史記載，明朝年間，蒙古人多次興兵南犯。明英宗一方面顧忌外敵，一方面又寵信小人，於是內憂外患，民不聊生，終於在土木堡一役中大敗，加速了明代的滅亡。

追根究底，罪魁禍首不是蠻夷，而是皇帝身邊的太監。他們認爲打敗蒙古人只是小事一件，因此無視於眾多大臣的極力勸阻，積極鼓動好大喜功的明英宗御駕親征。

英宗倉卒行事，連戰士們的秋衣都尚未準備就緒，就從各地緊急調集五十萬大軍出征，一路上寒風陣陣、秋雨綿綿，將士們飢寒交迫，苦不堪言，士氣低落不已。

蒙古人得知明英宗親征，於是採取誘敵深入的計策，準備將朝廷一網打盡。明英宗不疑有詐，長驅直入，正好中了敵人的埋伏，加上後援供應不足，將士們病的病、死的死，蒙古人殲滅了大量的明軍，只剩下小部分軍隊保護皇帝落荒而逃。

這些死裡逃生的明軍才剛退到土木堡，蒙古人就乘勝追擊，不僅包圍了土木堡，還斷絕了明軍的水源，令明軍不知所措，只能坐以待斃。

此時，蒙古人假裝講和，趁著明軍放鬆戒備，大舉發動猛烈攻擊，土木堡四周血流成河，明英宗同時也遭受了被俘的命運。

換個角度，就能讓自己幸福

明英宗聽信小人讒言，趾高氣昂而不知進退，結局是狼狽地淪爲俘虜。這類故事在歷史上俯拾皆是，亡國之君往往自認天縱英明，由於意氣用事、不知進退，枉顧國家人民的福祉，最後把江山拱手讓於他人。

「用人唯才」的道理不只用於興盛時期，在不景氣的時候反而更加重要，任何錯誤的決定都可能牽一髮而動全身。

留得青山在，不怕沒柴燒。越是患難的時候，越要保全自己的根本，守成不易，適時的退場或許難堪，然而沒有漂亮的退場，又怎麼會有下一次進場的籌碼呢？

新生活大師

44

換個角度，就能讓自己幸福

作　　者　黎亦薰
社　　長　陳維都
藝術總監　黃聖文
編輯總監　王　凌
出 版 者　普天出版社
新北市汐止區康寧街 169 巷 25 號 6 樓
TEL / (02) 26921935 (代表號)
FAX / (02) 26959332
E-mail：popular.press@msa.hinet.net
http://www.popu.com.tw/
郵政劃撥 19091443 陳維都帳戶
總 經 銷　旭昇圖書有限公司
新北市中和區中山路二段 352 號 2F
TEL / (02) 22451480 (代表號)
FAX / (02) 22451479
E-mail：s1686688@ms31.hinet.net
法律顧問　西華律師事務所・黃憲男律師
電腦排版　巨新電腦排版有限公司
印製裝訂　久裕印刷事業有限公司
出 版 日　2019 (民 108) 年 9 月第 1 版
ISBN◉978-986-389-663-0　　條碼 9789863896630

國家圖書館出版品預行編目資料

換個角度，就能讓自己幸福／
黎亦薰著.—第 1 版.—：新北市,普天出版
民 108.09 面；公分. - (新生活大師；44)
ISBN◉978-986-389-663-0 (平裝)